MICHEL LÉVY FRÈRES, ÉDITEURS

ŒUVRES COMPLÈTES

DE

GEORGE SAND

FORMAT GRAND IN-18

Clichy.— Imp. Paul Dupont et Cie, rue du Bac-d'Asnières, 12.

JOURNAL

D'UN

VOYAGEUR

PENDANT

LA GUERRE

PAR

GEORGE SAND

(L.-A. AURORE DUPIN)

VEUVE DE M. LE BARON DUDEVANT

PARIS

MICHEL LÉVY FRÈRES, ÉDITEURS

RUE AUBER, 3, PLACE DE L'OPÉRA

LIBRAIRIE NOUVELLE

BOULEVARD DES ITALIENS, 15, AU COIN DE LA RUE DE GRAMMONT

1871

JOURNAL

D'UN VOYAGEUR

PENDANT LA GUERRE

Nohant, 15 septembre 1870.

Quelle année, mon Dieu! et comme la vie nous
a été rigoureuse! La vie est un bien pourtant,
un bien absolu, qui ne se perd ni ne diminue
dans le sublime total universel. Les hommes de
ce petit monde où nous sommes n'en ont encore
qu'une notion confuse, un sentiment fiévreux,
douloureux, étroit. Ils font un misérable usage
des fugitives années où ils croient pouvoir dire
moi, sans songer qu'avant et après cette passa-

1

gère affirmation, leur moi a déjà été et sera encore un moi inconscient peut-être de l'avenir et du passé, mais toujours plus affirmatif et plus accusé.

Des milliers d'hommes viennent de joncher les champs de bataille de leurs cadavres mutilés. Chers êtres pleurés ! une grande âme s'élève avec la fumée de votre sang injustement, odieusement répandu pour la cause des princes de la terre. Dieu seul sait comment cette âme magnanime se répartira dans les veines de l'humanité; mais nous savons au moins qu'une partie de la vie de ces morts passe en nous et y décuple l'amour du vrai, l'horreur de la guerre pour la guerre, le besoin d'aimer, le sentiment de la vie idéale, qui n'est autre que la vie normale telle que nous sommes appelés à la connaître. De cette étreinte furieuse de deux races sortira un jour la fraternité, qui est la loi future des races civilisées. Ta mort, ô grand cadavre des armées, ne sera donc pas perdue, et chacun de nous portera dans son sein un des cœurs qui ont cessé de battre.

Ces réflexions me saisissent au lever du soleil, après quatre jours de fièvre que vient de dissiper ou plutôt d'épuiser une nuit d'insomnie. En ouvrant ma fenêtre, en aspirant la fraîcheur du matin et le profond silence d'une campagne encore matériellement tranquille, je me demande si tout ce que je souffre depuis six semaines n'est point un rêve. Est-il possible que ce matin bleu, cette verdure renouvelée après un été torride, ces nuages roses qui montent dans le ciel, ces rayons d'or qui percent les branches, ne soient pas l'aurore d'un jour heureux et pur? Est-il possible que les héros de nos places de guerre souffrent mille morts à cette heure, et que Paris entende déjà peut-être gronder le canon allemand autour de ses murailles? Non, cela n'est pas. J'ai eu le cauchemar, la fièvre a déchaîné sur moi ses fantômes, elle m'a brisée. Je m'éveille, tout est comme auparavant. Les vendangeurs passent, les coqs chantent, le soleil étend sur l'herbe ses tapis de lumière, les enfants rient sur le chemin.

— Horreur! voilà des blessés qui reviennent, des

conscrits qui partent : malheur à moi, je n'avais pas rêvé !

Et devant moi se déroule de nouveau cette funeste demi-année dont j'ai bu l'amertume en silence : Mon fils gravement malade pendant seize nuits que j'ai passées à son chevet, — attendant d'heure en heure, durant plusieurs de ces nuits lugubres, que ma belle-fille m'apportât des nouvelles de mes deux petits-enfants sérieusement malades aussi : et puis, quelques jours plus tard, quand le printemps splendide éclatait en pluie de fleurs sur nos têtes, vingt autres nuits passées auprès de mon fils malade encore. Et puis une grande fatigue, le travail en retard, un effort désespéré pour reprendre ma tâche au milieu d'un été que je n'ai jamais vu, que je ne croyais pas possible dans nos climats tempérés : des journées où le thermomètre à l'ombre montait à 45 degrés, plus un brin d'herbe, plus une fleur au 1er juillet, les arbres jaunis perdant leurs feuilles, la terre fendue s'ouvrant comme pour nous ensevelir, l'effroi de manquer d'eau d'un jour à l'autre, l'effroi des maladies et de la misère pour tout ce pauvre monde découragé de demander à la terre ce qu'elle refusait obstinément à son travail, la consternation de sa fauchaison à peu près nulle, la consternation de sa moisson misérable, terrible sous cette chaleur d'Afrique qui prenait un aspect d : fin du monde! Et puis des fléaux que la science croyait avoir conjurés et devant lesquels elle se déclare impuissante, des varioles foudroyantes, horribles, l'incendie des bois environnants élevant ses fanaux sinistres autour de l'horizon, des loups effarés venant se réfugier le soir dans nos maisons! Et puis des orages furieux brisant tout, et la grêle meurtrière achevant l'œuvre de la sécheresse!

Et tout cela n'était rien, rien en vérité! Nous regrettons ce temps si près de nous dont il semble qu'un siècle de désastres nous sépare déjà. La guerre est venue, la guerre au cœur de la France, et aujourd'hui Paris investi! Demain peut-être, pas plus de nouvelles de Paris que de Metz! Je ne sais pas comment nos cœurs ne sont pas encore brisés. On ne se parle plus dans la crainte de se décourager les uns les autres.

17 septembre.

Aujourd'hui pas de lettres de Paris, pas de journaux. La lutte colossale, décisive, est-elle engagée? Je me lève encore avec le jour sans avoir pu dormir un instant. Le sommeil, c'est l'oubli de tout; on ne peut plus le goûter qu'au prix d'une extrême fatigue, et nous sommes dans l'inaction! On ne peut s'occuper des campagnes apparemment; rien pour organiser ce qui reste au pays de volontés encore palpitantes, rien pour armer ce qui reste de bras valides. Il n'y en a pourtant plus guère; on a déjà appelé tant d'hommes! Notre paysan a pleuré, frémi, et puis il est parti en chantant, et le vieux, l'infirme, le patient est resté pour garder la famille et le troupeau, pour labourer et ensemencer le champ. Beauté mélancolique de l'homme de la terre, que tu es frappante et solennelle au

milieu des tempêtes politiques! Tandis que le
riche, vaillant ou découragé, abandonne son
bien-être, son industrie, ses espérances personnelles, pour fuir ou pour combattre, le vieux
paysan, triste et grave, continue sa tâche et travaille pour l'an prochain. Son grenier est à peu
près vide; mais, fût-il plein, il sait bien que
d'une manière ou de l'autre il lui faudra payer
les frais de la guerre. Il sait que cet hiver sera
une saison de misère et de privations; mais il
croit au printemps, lui! La nature est toujours
pour lui une promesse, et je l'ai trouvé moins
affecté que moi en voyant mourir cet été le dernier brin d'herbe de son pré, la dernière fleu-
rette de son sillon. J'avais un chagrin d'artiste
en regardant périr la plante, la fleur, ce sourire
pur et sacré de la terre, cette humble et perpétuelle fête de la saison de vie. Tandis que je me
demandais si le sol n'était pas à jamais desséché,
si la sève de la rose n'était pas à jamais tarie, si
je retrouverais jamais l'ancolie dans les foins ou
la scutellaire au bord de l'eau tarie, il ne se sou-

ciait, lui, que de ce qu'il pourrait faire manger à sa chèvre ou à son bœuf durant l'hiver; mais il avait plus de confiance que moi dans l'inépuisable générosité du sol. Il disait :

— Qu'un peu de pluie nous vienne, nous sèmerons vite, et nous recueillerons en automne.

Mon imagination me montrait un cataclysme là où sa patience ne constatait qu'un accident. Il ne s'apercevait guère du luxe évanoui, du bleuet absent des blés, du lychnis rose disparu de la haie. Il arrachait une poignée d'herbe avec la racine sèche, et après un peu d'étonnement, il disait :

— L'herbe pourtant, l'herbe ça ne peut pas mourir !

Il n'a pas la compréhension raisonnée, mais il a l'instinct profond, inébranlable, de l'impérissable vitalité. Le voilà en présence de la famine pour son compte, aux prises avec les aveugles éventualités de la guerre : comme il est calme ! Au milieu de ses préjugés, de ses entêtements, de son ignorance, il a un côté vraiment grand.

Il représente l'*espèce* avec sa persistante confiance dans la loi du renouvellement.

Boussac (Creuse), 20 septembre.

On dit que récapituler ses maux porte malheur. Cela est vrai pour nous aujourd'hui. La variole s'est déclarée foudroyante, épidémique autour de nous ; nous avons renvoyé les enfants et leur mère, et aujourd'hui force nous est de les rejoindre, car le fléau est installé pour longtemps peut-être, et nous ne pouvons vivre ainsi séparés. Nous voilà fuyant quelque chose de plus aveugle et de plus méchant encore que la guerre, après avoir tenté vainement d'y apporter remède ; hélas ! il n'y en a pas ; le paysan chasse le médecin ou le voit arriver avec effroi. Partons donc ! Une balle n'est rien, elle ne tue que celui qu'elle frappe, mais ce mal subit qu'il faut absolument communiquer à l'être dévoué qui vous soigne, à votre enfant, à votre mère, à votre meilleur ami !... Il faut donc alors mourir en se

1.

haïssant soi-même, en se maudissant, en se re-
prochant comme un crime d'avoir vécu une
heure de trop !

La chaleur est écrasante, la sécheresse va recommencer ; elle n'a pas cessé ici, dans ce pays
granitique, littéralement cuit. Nous couchons
dans une petite auberge très-propre ; abondance
de plats fortement épicés, pas d'eau potable. Le
pays est admirable quand même. La couleur est
morte sur les arbres, mais les belles formes et
les beaux tons des masses rocheuses bravent le
manque de parure végétale. Les bestiaux épars,
cherchant quelques brins d'herbe sous la fou-
gère, ont un grand air de tristesse et d'ennui ;
leurs robes sont ternes, tandis que les flancs dénudés des collines brillent au soleil couchant
comme du métal en fusion. Le soleil baisse
encore, tout s'illumine, et les vastes brûlis de
bruyère forment à l'horizon des zones de feu
véritable qu'on ne distingue plus de l'embrase-
ment général que par un ton cerise plus clair.
Sommes-nous en Afrique ou au cœur de la

France? Hélas! c'est l'enfer avec ses splendeurs effrayantes où l'âme navrée des souvenirs de la terre fait surgir les visions de guerre et d'incendie. Ailleurs on brûle tout de bon les villages, on tue les hommes, on emmène les troupeaux. Et ce n'est pas loin, ce qu'on ne voit pas encore! Ce magnifique coucher de soleil, c'est peut-être la France qui brûle à l'horizon!

Saint-Loup (Creuse), 21 septembre.

Le Puy-de-Dôme et la fière dentelure des volcans d'Auvergne se sont découpés tantôt dans le ciel au delà du plateau que nous traversions, premier échelon du massif central de la France. Quelle placidité dans cette lointaine apparition des sommets déserts! Voilà le rempart naturel qu'au besoin la France opposerait à l'invasion; qu'il est majestueux sous son voile de brume rosée! Les plaines immenses qui s'échelonnent jusqu'à la base semblent le contempler dans un muet recueillement.

Ici tout est calme, encore plus qu'aux bords de l'Indre. Les gens sont pourtant plus actifs et plus industrieux ; ils ont plus de routes et de commerce, mais ils sont plus sobres et plus graves. Le paysan vit de châtaignes et de cidre, il sait se passer de pain et de vin ; sa vache et son bœuf ne sont pas plus difficiles que son âne. Ils mangent ce qu'ils trouvent, et sont moins éprouvés par la sécheresse que nos bêtes habituées à la grasse prairie. Ce pays-ci n'attirera pas la convoitise de l'étranger. La nature lui sera revêche, si l'habitant ne lui est pas hostile.

Nous voici chez d'adorables amis, dans une vieille maison très-commode et très-propre, aussi bien, aussi heureux qu'on peut l'être par ces temps maudits. L'air est sain et vif, le soleil a tout dévoré, et le danger de famine est bien plus effrayant encore que chez nous. Ils n'ont pas eu d'orage, pas une goutte d'eau depuis six mois ! Deux beaux petits garçons jouent au soleil, sous de pauvres acacias dénudés, avec nos deux petites filles, charmées du changement de place, un petit âne d'un bon caractère, et un gros chien qui flaire les nouveau-venus d'un air nonchalant. Les enfants rient et gambadent, c'est un heureux petit monde à part qui ne s'inquiète et ne s'attriste de rien. Au commencement de la guerre, nous ne voulions pas qu'on en parlât devant nos filles ; nous avions peur qu'elles n'eussent peur. Nous les retrouvons déjà acclimatées à cette atmosphère de désolation ; elles ont voyagé, elles ont fait une vingtaine de lieues ; elles parlent bataille, elles jouent aux Prussiens avec ces garçons, qui se font des fusils avec des tiges de roseau. C'est un jeu nouveau, une fiction, cela n'est pas arrivé, cela n'arrivera pas. Les enfants décidément ne connaissent pas la peur du réel.

22 septembre.

Chez nous, j'étais physiquement très-malade. Étais-je sous l'influence de l'air empesté du pauvre Nohant? Aujourd'hui je me sens guérie, mais le cœur ne reprend pas possession de lui-même. On avait naguère, dans la tranquillité de la vie retirée et studieuse, cette petite joie intérieure qui est comme le sentiment de l'état de santé de la conscience personnelle. Aujourd'hui il n'y a plus du tout de personnalité possible; le devoir accompli, toujours aimé, mais impuissant au delà d'une étroite limite, ne console plus de rien. Voici les temps de calamité sociale où tout être bien organisé sent frémir en soi les profondes racines de la solidarité humaine. Plus de chacun pour soi, plus de chacun chez soi! La communauté des intérêts éclate. L'avare qui compte sa réserve est effrayé de cette stérile ressource qui s'écoulera sans se renouveler. Il est malheureux, irrité; il voudrait égorger l'inconnu, la crise, tout ce qui tombera sous sa main. Il cherche un lieu sûr pour cacher sa bourse, non pas tant pour la dérober à l'Allemand, avec lequel il se résigne à transiger, que pour se dispenser de nourrir son voisin affamé

l'hiver prochain. Celui qui n'a pas la même
préoccupation personnelle est malheureux autrement, sa souffrance est plus noble, mais elle
est plus profonde et plus constante. Il ne se dit
pas comme l'avare qu'il réussira peut-être, à
force de soins, à ne pas trop manquer. Quand
l'avare a saisi cette espérance, il s'endort ras-
suré. L'autre, celui qui fait bon marché de lui-
même, ne réfléchit pas tant à son lendemain.
Son sommeil est un rêve amer où l'âme se tord
sous le poids du malheur commun. Pauvre soldat de l'humanité, il veut bien mourir pour les
autres, mais il voudrait que les autres fussent
assurés de vivre, et quand la voix de la vision
crie à son oreille : *Tout meurt!* il s'agite en vain,
il étend ses mains dans le vide. Il se sent mourir
autant de fois qu'il y a de morts sur la terre.

22 septembre.

Heureux ceux qui croient que la vie n'est
qu'une épreuve passagère, et qu'en la méprisant

ils gagneront une éternité de délices! Ce calcul égoïste révolte ma conscience, et pourtant je crois que nous vivons éternellement, que le soin que nous prenons d'élever notre âme vers le vrai et le bien nous fera acquérir des forces toujours plus pures et plus intenses pour le développement de nos existences futures; mais croire que le ciel est ouvert à deux battants à quiconque dédaigne la vie terrestre me semble une impiété. Une place nous est échue en ce monde; purifions-la, si elle est malsaine. La vie est un voyage; rendons-le utile, s'il est pénible. Des compagnons nous entourent au hasard; quels qu'ils soient, voyageons à frais communs; ne prions pas, plutôt que de prier seuls. Travaillons, marchons, déblayons ensemble. Ne disons pas devant ceux qui meurent en chemin qu'ils sont heureux d'être délivrés de leur tâche. Le seul bonheur qui nous soit assigné en ce monde, c'est précisément de bien faire cette tâche, et la mort qui l'interrompt n'est pas une dispense de recommencer ailleurs. Il serait

commode, en vérité, d'aller s'asseoir au sep-
tième ciel pour avoir vécu une fois.

23 septembre.

Un soleil ardent traversant un air froid : ceci
ressemble au printemps du Midi; mais la sécheresse des plantes nous rappelle que nous
sommes au pays de la soif. On a grand'peine ici
à se procurer de l'eau, et elle n'est pas claire;
une pauvre petite source hors du village alimente comme elle peut bêtes et gens. Les ri-
vières ne coulent plus. On nous a menés aujour-
d'hui voir le gouffre de la *Tarde*. La Tarde est
un torrent qui forme aux plateaux que nous tra-
versons une ceinture infranchissable en hiver;
il est enfoui dans d'étroites gorges granitiques
qui se bifurquent ou se croisent en labyrinthe,
et il y roule une masse d'eau d'une violence
extrême. Le gouffre, où nous sommes descen-
dus, offre encore un profond réservoir d'eau
morte sous les roches qui surplombent. Le

poisson s'y est réfugié. A deux pas plus loin, la
Tarde disparaît et reparaît de place en place; elle
semble revivre, marcher avec le vent qui la plisse,
mais elle s'arrête et se perd toujours. En mille
endroits, on passe la furieuse à pied sec, sur des
entassements de roches brisées ou roulées qui
attestent sa puissance évanouie. Rien n'est plus
triste que cette eau dormante, enchaînée, trouble
et morne, qui a conservé à ses rives escarpées
un peu de fraîcheur printanière, mais qui semble
leur dire : « Buvez encore aujourd'hui, demain
je ne serai plus. »

J'avais un peu oublié nos peines. Il y avait de
ces recoins charmants où quelques fleurettes
vous sourient encore et où l'on rêve de passer
tout seul un jour de *far niente*, sans souvenir de
la veille, sans appréhension du lendemain. En
face, un formidable mur de granit couronné
d'arbres et brodé de buissons; derrière soi, une
pente herbeuse rapide, plantée de beaux noyers;
à droite et à gauche, un chaos de blocs dans le
lit du torrent; sous les pieds, on a cet abîme où,

à la saison des pluies, deux courants refoulés se rencontrent et se battent à grand bruit, mais où maintenant plane un silence absolu. Un vol de libellules effleure l'eau captive et semble se rire de sa détresse. Une chèvre tond le buisson de la muraille à pic ; par où est-elle venue, par où s'en ira-t-elle ? Elle n'y songe pas ; elle vous regarde, étonnée de votre étonnement. Je contemplais la chèvre, je suivais le vol des demoiselles, je cueillais des scabieuses lilas ; quelqu'un dit près de moi :

— Voilà une retraite assez bien fortifiée contre les Prussiens !

Tout s'évanouit, la nature disparaît. Plus de contemplation. On se reproche de s'être amusé un instant. On n'a pas le droit d'oublier. Va-t'en, poésie, tu n'es bonne à rien !

Mon âme est-elle plus en détresse que celle des autres ? Il y a si longtemps que j'ai abandonné à ma famille les soins de la vie pratique, que je suis redevenue enfant. J'ai vécu au-dessus du possible immédiat, ne tenant bien compte que du possible éternel. Certes j'étais dans le vrai absolu, mais non dans le vrai relatif. Je le savais bien; je me disais que le relatif, auquel je suis impropre, ne me regardait pas, que je n'y pouvais faire autorité, et qu'il était d'une sage modestie de ne plus m'en mêler. Aujourd'hui je vois que la réflexion qui s'étend à l'ensemble des faits humains est méconnue dans toute l'Europe, que les nations sont régies par la loi brutale de l'égoïsme, qu'elles sont insensibles à l'égorgement d'une civilisation comme la nôtre, que l'Allemagne prend sa revanche de nos victoires, comme si un demi-siècle écoulé depuis ne l'avait pas initiée à la loi du progrès et à la notion de solidarité, que la faute d'un prince aveugle lui sert de prétexte pour nous détruire, que c'est bien l'Allemagne qui veut anéantir la France! Tout le monde agit pour arriver à l'issue violente de cette lutte monstrueuse, et moi, je suis ici à m'étonner encore, en proie à une stupeur où je sens que mon âme expire!

24 septembre.

S...* est une de ces supériorités enfoncées dans
la vie pratique, qui s'y font un milieu restreint,
et ne se doutent pas qu'elles pourraient s'étendre indéfiniment. Doué d'une activité à la fois
ardente et raisonnée, il s'intitule simple paysan,
et pourrait être ministre d'État mieux que bien
d'autres qui l'ont été. Il a su faire, d'une terre
en friche, une propriété relativement riche.
Pour qui sait l'histoire de la terre dans ces pays
ingrats, réussir sans enfouir dans le sol plus d'ar
gent qu'il n'en peut rendre est un problème ardu.
Cela s'est fait par lui sans capitaux, sans risques,
avec ardeur, gaieté, douceur paternelle. Sa femme
est sa véritable moitié : similitude de goûts,
d'opinions, de caractère; deux êtres dont les
forces s'unissent et s'augmentent sous le lien
d'une tendresse infinie. Couple rare, d'une touchante simplicité et d'une valeur qu'il ignore!

* Sigismond Maulmond.

Ils ont beau dire, ils ne sont point paysans. Ils appartiennent à la bonne bourgeoisie, à la vraie, celle qui identifie sa tâche à celle du laboureur et le considère comme son égal; mais cette égalité n'est pas la similitude. On a beau défendre au paysan d'appeler *mon maître* le propriétaire du champ qu'il cultive, il veut que la possession soit une autorité. Il ne voit dans la société qu'une hiérarchie de maîtrises à conserver, car il est maître aussi chez lui, et il n'y a pas longtemps qu'il admet sa femme à sa table. Il a de la maîtrise cette notion qu'elle n'est pas donnée par le travail et pour le travail seulement. Il veut qu'elle soit de tous les instants et s'étende à tous les actes de la vie. C'est en vain que le bourgeois éclairé lui dit :

— Je ne suis que le patron, celui qui dirige l'emploi des forces. Quand la charrue est rentrée, quand le bœuf est à l'étable, je n'ai plus d'autorité; vous êtes mon semblable, nous pouvons manger ensemble ou séparément, nous pouvons penser, agir, voter, chacun à sa guise. En dehors de la fonction spéciale qui nous lie à la terre par un contrat passé entre nous, chacun de nous s'appartient.

Le paysan comprend fort bien; mais il ne veut pas qu'il en soit ainsi. Il ne veut pas être l'égal du *maître*, parce qu'il ne veut pas, sur l'échelon infime qu'il occupe, admettre un pouvoir égal au sien. Il prend la société pour un régiment où la consigne est de toutes les heures. Aussi se plie-t-il au régime militaire avec une prodigieuse facilité. Là où le bourgeois porte une notion de dévouement à la patrie qui lui fait accepter les amertumes de l'esclavage, le paysan porte la croyance fataliste que l'homme est fait pour obéir.

On s'assemble sur la place du village, on fait l'exercice avec quelques fusils de chasse et beaucoup de bâtons. Il y a là encore de beaux hommes qui seront pris par la prochaine levée et qui n'y croient pas encore. On sort du village, on apprend à marcher ensemble, à se taire dans les rangs, à se diviser, à se masser. L'un d'eux disait:

— Je n'ai pas peur des Prussiens.

— Alors, répond un voisin, tu es décidé à te battre ?

— Non. Pourquoi me battrais-je ?

— Pour te défendre. S'ils prennent ta vache, qu'est-ce que tu feras ?

— Rien. Ils ne me la prendront pas.

— Pourquoi ?

— Parce qu'ils n'en ont *pas le droit*.

Sancta simplicitas! Toute la logique du paysan est dans cette notion du tien et du mien, qui lui paraît une loi de nature imprescriptible. Ils n'en ont *pas le droit!* — Le mot, rapporté à table, nous a fait rire, puis je l'ai trouvé triste et profond. Le droit! cette convention humaine, qui devient une religion pour l'homme naïf, que la société méconnaît et bouleverse à chaque instant dans ses mouvements politiques! Quand viendra l'impôt forcé, l'impôt terrible, inévitable, des frais de guerre, tous ces paysans vont dire que l'État n'a *pas le droit!* Quelle résistance je prévois, quelles colères, quels désespoirs au bout

d'une année stérile! Comment organiser une
nation où le paysan ne comprend pas et domine
la situation par le nombre?

25 septembre.

S... veut nous arracher à la tristesse; il nous
fait voir le pays. La région qui entoure Saint-
Loup n'est pas belle : les arbres, très-nombreux,
sont moitié plus petits et plus maigres que ceux
du Berri, déjà plus petits de moitié que ceux de la
Normandie. Ainsi on pourrait dire que la Creuse
ne produit que des quarts d'arbres. Elle se rachète
au point de vue du rapport par la quantité, et
on appelle le territoire où nous sommes la Limagne de la Marche. Triste Limagne, sans grandeur
et sans charme, manquant de belles masses et
d'accidents heureux; mais au delà de ce plateau
sans profondeur de terre végétale, les arbres
s'espacent et se groupent, des versants s'accu-
sent, et dans les creux la végétation trouve pied.
Les belles collines de Boussac, crénelées de puis-

santes pierres druidiques, reparaissent pour en-
cadrer la partie ouest. A l'est, les hauteurs de
Chambon font rebord à la vaste cuve fertile,
coupée encore de quelques landes rétives et
semée, au fond, de vastes étangs, aujourd'hui
desséchés en partie et remplis de sables blancs
bordés de joncs d'un vert sombre. Un seul de
ces étangs a encore assez d'eau pour ressembler
à un lac. Le soleil couchant y plonge comme
dans un miroir ardent. Ma petite-fille Aurore,
qui n'a jamais vu tant d'eau à la fois, croit
qu'elle voit la mer, et le contemple en silence
tant qu'elle peut l'apercevoir à travers les buissons du chemin.

L'abbaye de Beaulieu est située dans une
gorge, au bord de la Tarde, qui y dessine les
bords d'un vallon charmant. Là il y a des arbres
qui sont presque des arbres. Cette enceinte de
fraîches prairies et de plantations déjà anciennes,
car elles datent du siècle dernier, a conservé de
l'herbe et du feuillage à discrétion. Le ravin lui
fait une barrière étroite, mais bien mouvementée.

couverte de bois à pic et de rochers revêtus de
plantes. Ce serait là, au printemps, un jardin
naturel pour la botanique ; mais je ne vois plus
rien qu'un ensemble, et on dit encore autour de
moi :

Les Prussiens ne s'aviseront pas de venir ici !

— Toujours l'ennemi, le fléau devant les yeux !
Il se met en travers de tout ; c'est en vain que la
terre est belle et que le ciel sourit. Le destruc-
teur approche, les temps sont venus. Une terreur
apocalyptique plane sur l'homme, et la nature
s'efface.

On organise la défense ; s'ils nous en laissent
le temps, la peur fera place à la colère. Ceux qui
raisonnent ne sont pas effrayés du fait, et j'avoue
que la bourrasque de l'invasion ne me préoccupe
pas plus pour mon compte que le nuage qui
monte à l'horizon dans un jour d'été. Il apporte
peut-être la destruction aussi, la grêle qui dé-
vaste, la foudre qui tue ; le nuage est même plus
redoutable qu'une armée ennemie, car nul ne
peut le conjurer et répondre par une artillerie

terrestre à l'artillerie céleste. Pourtant notre vie
se passe à voir passer les nuages qui menacent ;
ils ne crèvent pas tous sur nos têtes, et l'on se
soucie médiocrement du mal inévitable. La vie
de l'homme est ainsi faite qu'elle est une accep-
tation perpétuelle de la mort ; oubli inconscient
ou résignation philosophique, l'homme jouit d'un
bien qu'il ne possède pas et dont aucun bail ne
lui assure la durée. Que l'orage de mort passe
donc ! qu'il nous emporte plusieurs ou beaucoup
à la fois ! Y songer, s'en alarmer sans cesse,
c'est mourir d'avance, c'est le suicide par anticipation.

Mais la tristesse que l'on sent est plus pénible
que la peur. Cette tristesse, c'est la contagion de
celle des autres. On les voit s'agiter diversement
dans un monde près de finir, sans arriver à la
reconstruction d'un monde nouveau. On m'écrit
de divers lieux et de divers points de vue :

« Nous assistons à l'agonie des races latines ! »

Ne faudrait-il pas dire plutôt que nous touchons à leur renouvellement?

Quelques-uns disent même que la transmission d'un nouveau sang dans la race vaincue modifiera en bien ou en mal nos instincts, nos tempéraments, nos tendances. Je ne crois pas à cette fusion physique des races. La guerre n'amène pas de sympathie entre le vainqueur et le vaincu. La brutalité cosaque n'a pas implanté en France une monstrueuse génération de métis dont il y ait eu à prendre note. En Italie, pendant une longue occupation étrangère, la fierté, le point d'honneur patriotique n'ont permis avec l'ennemi que des alliances rares et réputées odieuses. Nos courtisanes elles-mêmes y regarderont à deux fois avant de se faire prussiennes, et d'ailleurs la bonne nature, qui est logique, ne permet pas aux courtisanes d'être fécondes.

Ce n'est donc pas de là que viendra le renouvellement. Il viendra de plus haut, et la famille teutonne sera plus modifiée que la nôtre par ce contact violent que la paix, belle ou laide, rendra plus durable que la guerre. Quel est le caractère distinctif de ces races ? La nôtre n'a pas assez

2.

d'ordre dans ses affaires, l'autre en a trop. Nous voulons penser et agir à la fois, nous aspirons à l'état normal de la virilité humaine, qui serait de vouloir et pouvoir simultanément. Nous n'y sommes point arrivés, et les Allemands nous surprennent dans un de ces paroxysmes où la fièvre de l'action tourne au délire, par conséquent à l'impuissance. Ils arrivent froids et durs comme une tempête de neige, implacables dans leur parti pris, féroces au besoin, quoique les plus doux du monde dans l'habitude de la vie. Ils ne pensent pas du tout, ce n'est pas le moment; la réflexion, la pitié, le remords, les attendent au foyer. En marche, ils sont machines de guerre inconscientes et terribles. Cette guerre-ci particulièrement est brutale, sans âme, sans discernement, sans entrailles. C'est un échange de projectiles plus ou moins nombreux, ayant plus ou moins de portée, qui paralyse la valeur individuelle, rend nulles la conscience et la volonté du soldat. Plus de héros, tout est mitraille. Ne demandez pas où sera la gloire des armes, dites où sera leur force, ni qui a le plus de courage ; il s'agit bien de cela ! demandez qui a le plus de boulets.

C'est ainsi que la civilisation a entendu sa puissance en Allemagne. Ce peuple positif a supprimé jusqu'à nouvel ordre la chimère de l'humanité. Il a consacré dix ans à fondre des canons. Il est chez nous, il nous foule, il nous ruine, il nous décime. Nous contemplons avec stupeur sa splendeur mécanique, sa discipline d'automates savamment disposés. C'est un exemple pour nous, nous en profiterons ; nous prendrons des notions d'ordre et d'ensemble. Nous aurons épuisé les efforts désordonnés, les fantaisies périlleuses, les dissensions où chacun veut être tout. Une cruelle expérience nous mûrira ; c'est ainsi que l'Allemagne nous fera faire un pas en avant. Dussions-nous être vaincus par elle en apparence, nous resterons le peuple initiateur qui reçoit une leçon et ne la subit pas. Le refroidissement qu'elle doit apporter à nos passions trop vives ne sera donc pas une modifi-

cation de notre tempérament, un abaissement
de chaleur naturelle comme l'entendrait une
physiologie purement matérialiste; ce sera un
accroissement de nos facultés de réflexion et de
compréhension. Nous reconnaîtrons qu'il y a
chez ce peuple un stoïcisme de volonté qui nous
manque, une persistance de caractère, une patience, un savoir étendu à tout, une décision
sans réplique, une vertu étrange jusque dans le
mal qu'il croit devoir commettre. Si nous gar-
dons contre lui un ressentiment politique amer,
notre raison lui rendra justice à un point de vue
plus élevé.

Quant à lui, en cet instant, sans doute, il s'ar-
roge le droit de nous mépriser. Il ne se dit pas
qu'en frappant nos paysans de terreur il est le
criminel instigateur des lâchetés et des trahisons. Il dédaigne ce paysan qui ne sait pas lire,
qui ne sait rien, qui a puisé dans le catholicisme
tout ce qui tendait à l'abrutir par la fausse inter-
prétation du christianisme. L'Allemand, à l'heure
qu'il est, raille le désordre, l'incurie, la pénurie

de moyens où l'empire a laissé la France. Il nous traite comme une nation déchue, méritant ses revers, faite pour ramper, bonne à détruire ; mais les Allemands ne sont pas tous aveuglés par l'abus de la force. Il y a des nuances de pays et de caractère dans cette armée d'invasion. Il y a des officiers instruits, des savants, des hommes distingués, des bourgeois jadis paisibles et humains, des ouvriers et des paysans honnêtes chez eux, épris de musique et de rêverie. Ce million d'hommes que l'Allemagne a vomi sur nous ne peut pas être la horde sauvage des innombrables légions d'Attila. C'est une nation différente de nous, mais éclairée comme nous par la civilisation et notre égale devant Dieu. Ce qu'elle voit chez nous, beaucoup le comprendront, et l'ivresse de la guerre fera place un jour à de profondes réflexions. Il me semble que j'entends un groupe d'étudiants de ce docte pays s'entretenir en liberté dans un coin de nos mornes campagnes. Des gens de Boussac qui ont l'imagination vive prétendaient ces jours-ci

avoir vu trois Prussiens, le casque en tête, assis
au clair de la lune, sur les pierres *jaumâtres*,
ces blocs énormes qui surmontent le vaste crom-
lech du mont Barlot.

Ils ont pu les voir! Leurs âmes effarées ont
vu trois âmes pensives que la rêverie faisait
flotter sur les monuments druidiques de la vieille
Gaule, et qui devisaient entre elles de l'avenir
et du passé. Qui sait le rôle de l'idée quand elle
sort de nous pour embrasser un horizon lointain
dans le temps et dans l'espace? Elle prend peut-
être alors une figure que les extatiques perçoi-
vent, elle prononce peut-être des paroles mys-
térieuses qu'une autre âme rêveuse peut seule
entendre.

Donc supposons; ils étaient trois : un du
nord de l'Allemagne, un du centre, un du midi.
Celui du nord disait :

— Nous tuons, nous brûlons, comme nous
avons été tués et brûlés par la France. C'est justice, c'est la loi du retour, la peine du talion.
Vive notre césar qui nous venge !

Celui du midi disait :

— Nous avons voulu nous séparer du césar du midi; nous tuons et brûlons pour inaugurer le césar du nord !

Et l'Allemand du centre disait :

— Nous tuons et brûlons pour n'être pas tués et brûlés par le césar du nord ou par celui du midi.

Alors de la grande pierre jadis consacrée, dit-on, aux sacrifices humains, sortit une voix sinistre qui disait :

— Nous avons tué et brûlé pour apaiser le dieu de la guerre. Les césars de Rome nous ont tués et brûlés pour étendre leur empire.

— Les césars sont dieux ! s'écria le Prussien.

— Craignons les césars ! dit le Bavarois.

— Servons les césars ! ajouta le Saxon.

— Craignez la Gaule ! reprit la voix de la pierre ; c'est la terre où les vivants sont mangés par les morts.

— La Gaule est sous nos pieds, dirent en riant

les trois Allemands en frappant la pierre antique du talon de leurs bottes.

Mais la voix répondit :

— Le cadavre est sous vos pieds; l'âme plane
dans l'air que vous respirez, elle vous pénètre,
elle vous possède, elle vous embrasse et vous
dompte. Attachée à vous, elle vous suivra; vous
l'emporterez chez vous vivante comme un remords, navrante comme un regret, puissante
comme une victime inapaisable que rien ne
réduit au silence. A tout jamais dans la légende
des siècles, une voix criera sur vos tombes :

« Vous avez tué et brûlé la France, qui ne
voulait plus de césars, pour faire à ses dépens
la richesse et la force d'un césar qui vous dé-
truira tous ! »

Les trois étrangers gardèrent le silence ; puis
ils ôtèrent leurs casques teutons, et la lune
éclaira trois belles figures jeunes et douces, qui
souriaient en se débarrassant d'un rêve pénible.
Ils voulaient oublier la guerre et rêvaient encore. Ils se croyaient transportés dans leur pa-

trie, à l'ombre de leurs tilleuls en fleurs, tandis que leurs fiancées préparaient leurs pipes et rinçaient leurs verres. Il leur semblait qu'un siècle s'était écoulé depuis un rude voyage à travers la France. Ils disaient :

— Nous avons été bien cruels !

— La France le méritait.

— Au début, oui, peut-être, elle était insolente et faible ; mais le châtiment a été trop loin, et sa faiblesse matérielle est devenue une force morale que nous n'avons su ni respecter ni comprendre.

— Ces Français, dit le troisième, sont les martyrs de la civilisation ; elle est leur idéal. Ils souffrent tout, ils s'exposent à tout pour connaître l'ivresse de l'esprit ; que ce soit empire ou république, libre disposition de soi-même ou démission de la volonté personnelle, ils sont toujours en avant sur la route de l'inconnu. Rien ne dure chez eux, tout se transforme, et, qu'ils se trompent ou non, ils vont jusqu'au bout de leur illusion. C'est un peuple insensé,

ingouvernable, qui échappe à tout et à lui-même.
Ne nous reprochons pas trop de l'avoir foulé. Il
est si frivole qu'il n'y songe déjà plus.

— Et si vivace qu'il ne l'a peut-être pas senti !

Ils burent tous trois à l'unité et à la gloire de
la vieille Allemagne ; mais la grande pierre du
mont Barlot trembla, et, ne sachant plus où ils
étaient, tombant d'un rêve dans un autre, ils
s'éveillèrent enfin, où ?... peut-être à l'ambulance, où tous trois gisaient blessés, peut-être à
la lueur d'un feu de bivac, et comme c'étaient
trois jeunes hommes intelligents et instruits,
fatigués ou souffrants, dégrisés à coup sûr des
combats de la veille, puisqu'ils pouvaient penser et rêver, ils se dirent que cette guerre était
un cauchemar qui prenait les proportions d'un
crime dans les annales de l'humanité, que le
vainqueur, quel qu'il fût, aurait à expier par des
siècles de lutte ou de remords l'appui prêté à
l'ambition des princes de la terre. Peut-être
rougirent-ils, sans se l'avouer, du rôle de dé-
vastateurs et de pillards que leur faisait jouer

l'ambition des maîtres; peut-être éprouvèrent-ils déjà l'expiation du repentir en voyant la victime qu'on leur donnait à dévorer, si héroïque dans sa détresse, si ardente à mourir, si éprise de liberté, que vingt ans d'aspirations refoulées n'ont fait qu'amener une explosion de jeunesse et de vie là où l'Allemagne s'attendait à trouver l'épuisement et l'indifférence.

Ce qui est assuré, ce que l'on peut prédire, c'est qu'un temps n'est pas loin où la jeunesse allemande se réveillera de son rêve. Plongée aujourd'hui dans l'erreur que nous venons de subir, et qui consiste à croire que la grandeur d'une race est dans sa force matérielle et peut se personnifier dans la politique d'un homme, elle reconnaîtra que nul homme ne peut être investi du pouvoir absolu sans en abuser. L'empereur des Français n'a pas su porter le lourd fardeau qu'il avait assumé sur lui. Mieux conseillé par un homme d'action pure, le roi Guillaume est au sommet de la puissance de fait;

il n'en est pas moins condamné, quelle que soit l'intelligence de son ministre, quelque réglée et assurée que soit sa force, quelque habile et ob·stinée que semble sa politique, à voir s'écrouler son prestige. Les temps sont mûrs; ce qui se passe aujourd'hui chez nous est le glas des monarchies absolues : nous aurons été près de périr par la faute d'un seul, n'est-ce pas un enseignement dont l'Allemagne sera frappée? Si nous nous relevons, ce sera par le réveil de l'énergie individuelle et par la conviction de l'universelle solidarité. Guillaume continue en ce moment la partie que Napoléon III vient de perdre. Plus valide, plus lucide, mieux préparé, il semble triompher de l'Europe anéantie. Il brave toutes les puissances, il arrive à cette ivresse fatale qui marque la fin des empires. Détrompés les premiers, nous expions les premiers, comme toujours ! Dans vingt ans, si nous avons réussi à écarter la chimère du règne, nous serons un grand peuple régénéré. Dans vingt ans, si l'Allemagne s'endort sous le sceptre, elle sera ce que nous étions hier, un peuple trompé, corrompu, désarmé.

26 septembre.

On nous dit qu'il y a de bonnes et grandes nouvelles. Nous n'y croyons pas. Ces pays éloignés de la scène sont comme les troisièmes dessous d'un théâtre, où le signal qui doit avertir les machinistes ne résonnerait plus. Paris investi, les lignes télégraphiques coupées, nous sommes plus loin de l'action que l'Amérique. Mes enfants et nos amis s'en vont à trois lieues d'ici pour savoir si quelque dépêche est arrivée. Je reste seule à la maison; il y a une bibliothèque de vieux livres de droit et de médecine. Je trouve l'ancien recueil des *Causes célèbres*. J'essaye de lire. Toutes ces histoires doivent être intéressantes quand on a l'esprit libre. Dans la disposition où est le mien, je ne saurais rien juger; de plus il me semble que *juger* sans appel est impossible à tous les points de vue, et que tous

ces grands procès *jugés* ne condamnent personne au tribunal de l'avenir. Peu de faits répu-
tés authentiques sont absolument prouvés, et
lorsque la torture était un moyen d'arracher la
vérité, les aveux ne prouvaient absolument rien ;
mais je ne m'arrête pas aux causes tragiques.
Ces épisodes de la vie humaine paraissent si petits quand tout est drame vivant et tragédie sanglante dans le monde ! Je cherche quelque intérêt
dans les causes civiles rapportées dans ce recueil : des enfants méconnus, désavoués, qui
forcent leurs parents à les reconnaître ou qui
parviennent à se faire attribuer leur héritage ;
des personnages disparus qui reparaissent et
réussissent ou ne réussissent pas à recouvrer
leur état civil, les uns condamnés comme im-
posteurs, les autres réintégrés dans leurs noms
et dans leurs biens ; des arrêts rendus pour et
contre dans les mêmes causes, des témoignages
qui se contredisent, des faits qui, dans l'esprit
du lecteur, disent en même temps oui et non :
où est la vérité dans ces aventures romanesques,

souvent invraisemblables à force d'être inexpli-
cables? Où est l'impartialité possible quand c'est
quelquefois le méchant qui semble avoir raison
du doux et du faible? Où est la certitude pour le
magistrat? A-t-elle pu exister pour lui, quand la
postérité impartiale ne démêle pas, au milieu de
ces détails minutieux, le mensonge de la vérité?

Les enquêtes réciproques sont suscitées par
la passion; elles dévoilent ou inventent tant de
turpitudes chez les deux parties qu'on arrive à
ne rien croire ou à ne s'intéresser à personne.
Cette lecture ne me porte pas à rechercher le
réalisme dans l'art, non pas tant à cause du
manque d'intérêt du réel qu'à cause de l'invrai-
semblance. Il est étrange que les choses *arrivées*
soient généralement énigmatiques. Les actions
sont presque toujours en raison inverse des ca-
ractères. Toute la logique humaine est annulée
quand, au lieu de s'élever au-dessus des intérêts
matériels, l'homme fait de ces intérêts le mobile
absolu de sa conduite. Il tombe alors sous la loi
du hasard, car il appartient à des éventualités

qui ne lui appartiennent pas, et si sa destinée est folle et bizarre, il semble devenir bizarre et fou lui-même.

Les nouvelles d'hier, c'est la démarche de Jules Favre auprès de M. de Bismarck. De quelque façon qu'on juge cette démarche au point de vue pratique, elle est noble et humaine, elle a un caractère de sincérité touchante. Nous en sommes émus, et nos cœurs repoussent avec le sien la paix honteuse qui nous est offerte.

Ce n'est pas l'avis de tout le monde. On voudrait généralement dans nos provinces du centre la paix à tout prix. Il n'y a pas à s'arrêter aux discussions quand on n'a affaire qu'à l'égoïsme de la peur; mais tous ne sont pas égoïstes et peureux, tant s'en faut. Il y a grand nombre d'honnêtes gens qui s'effrayent de la tâche assumée par le gouvernement de la défense nationale et de l'effroyable responsabilité qu'il accepte en ajournant les élections. Il s'agit, disent-ils, de faire des miracles ou d'être voués au mépris et à l'exécration de la France. S'ils ne font que le

possible, nous pouvons succomber, et on les
traitera d'insensés, d'incapables, d'ambitieux, de
fanfarons. Ils auront aggravé nos maux, et, quand
même ils se feraient tuer sur la brèche, ils seront maudits à jamais. Voilà ce que pensent, non
sans quelque raison, des personnes amies de
l'institution républicaine et sympathiques aux
hommes qui risquent tout pour la faire triompher. L'émotion, l'enthousiasme, la foi, leur répondent :

— Oui, ces hommes seront maudits de la foule,
s'ils succombent ; mais ils triompheront. Nous
les aiderons, nous voulons, nous pouvons avec
eux ! S'il faut des miracles, il y en aura. Ne vous
inquiétez pas de ce premier effroi où nous
sommes, il se dissipera vite. En France, les
extrêmes se touchent. Ce peuple tremblant et
consterné va devenir héroïque en un instant !

C'est beaucoup promettre. Entre la foi et l'illusion, il y a un abîme. Que la France se relève un
jour, je n'en doute pas. Qu'elle se réveille demain, je ne sais. Le devoir seul a raison, et le

3.

devoir, c'était de refuser le démembrement l'honneur ne se discute pas.

Mais retarder indéfiniment les élections, ceci n'est pas moins risqué que la lutte à outrance, et il ne me paraît pas encore prouvé que le vote eût été impossible. Le droit d'ajournement ne me paraît pas non plus bien établi. Je me tais sur ce point quand on m'en parle. Nous ne sommes pas dans une situation où la dispute soit bonne et utile ; je n'ai pas d'ailleurs l'orgueil de croire que je vois plus clair que ceux qui gouvernent le navire à travers la tempête. Pourtant la conscience intérieure a son obstination, et je ne vois pas qu'il fût impossible de procéder aux élections, même après l'implacable réponse du roi Guillaume. Nous appeler tous à la résistance désespérée en nous imposant les plus terribles sacrifices, c'est d'une audace généreuse et grande ; nous empêcher de voter, c'est dépasser la limite de l'audace, c'est entrer dans le domaine de la témérité.

Ou bien encore c'est, par suite d'une situation

illogique, le fait d'une illogique timidité. On nous juge capables de courir aux armes un contre dix, et on nous trouve incapables pour discuter par la voix de nos représentants les conditions d'une paix honorable. Il y a là contradiction flagrante : ou nous sommes dignes de fonder un gouvernement libre et fier, ou nous sommes des poltrons qu'il est dérisoire d'appeler à la gloire des combats.

Ne soyez pas surpris, si vos adversaires vous crient que vous êtes plus occupés de maintenir la république que de sauver le pays. Vos adversaires ne sont pas tous injustes et prévenus. Je crois que le grand nombre veut la délivrance du pays ; mais plus vous proclamez la république, plus ils veulent, en vertu de la liberté qu'elle leur promet, se servir de leurs droits politiques. Sommes-nous donc dans une impasse ? Le trouble des événements est-il entré dans les esprits d'élite comme dans les esprits vulgaires ? L'égoïsme est-il seul à savoir ce qu'il lui faut et ce qu'il veut ?

27 septembre.

Nous sommes difficiles à satisfaire en tout temps, nous autres Français. Nous sommes la critique incarnée, et dans les temps difficiles la critique tourne à l'injure. En vertu de notre expérience, qui est terrible, et de notre imagination, qui est dévorante, nous ne voulons confier nos destinées qu'à des êtres parfaits; n'en trouvant pas, nous nous éprenons de l'inconnu, qui nous leurre et nous perd. Aussi tout homme qui s'empare du pouvoir est-il entouré du prestige de la force ou de l'habileté. Qu'il fasse autrement que les autres, c'est tout ce qu'on lui demande, et on ne regarde pas au commencement si c'est le mal ou le bien. Admirer, c'est le besoin du premier jour, estimer ne semble pas nécessaire, éplucher est le besoin du lendemain, et le troisième jour on est bien près déjà de haïr ou de mépriser.

Un gouvernement d'occasion à plusieurs têtes ne répond pas au besoin d'aventures qui nous

égare. Quels que soient le patriotisme et les ta-
lents d'un groupe d'hommes choisis d'avance
par l'élection pour représenter la lutte contre le
pouvoir absolu, ce groupe ne peut fonctionner à
souhait qu'en vertu d'une entente impossible à
contrôler. On suppose toujours que des idées
contradictoires le paralysent, et le paysan dit :

— Comment voulez-vous qu'ils s'entendent?
Quand nous sommes trois au coin du feu à parler
des affaires publiques, nous nous disputons!

Aussi le simple, qui compose la masse illettrée,
veut toujours un maître; il a le monothéisme du
pouvoir. La culture de l'esprit amène l'analyse
et la réflexion, qui donnent un résultat tout contraire. La raison nous enseigne qu'un homme
seul est un zéro, que la sagesse a besoin du concours de plusieurs, et que le droit s'appuie sur
l'assentiment de tous. Un homme sage et grand à
lui tout seul est une si rare exception, qu'un
gouvernement fondé sur le principe du monothéisme politique est fatalement une cause de
ruine sociale. Pour faire idéalement l'homme sage

et fort qui est un être de raison, il faut la réunion
de plusieurs hommes relativement forts et sages,
travaillant, sous l'inspiration d'un principe commun, à se compléter les uns les autres, à s'enri-
chir mutuellement de la richesse intellectuelle et
morale que chacun apporte au conseil.

Ce raisonnement, qui entre aujourd'hui dans
toutes les têtes dégrossies par l'éducation, n'est
pas encore sensible à l'ignorant ; il part de lui-
même, de sa propre ignorance, pour décréter
qu'il faut un plus savant que lui pour le conduire, et au-dessus de celui-là un plus savant
encore pour conduire l'autre, et toujours ainsi,
jusqu'à ce que le savoir se résume dans un fétiche qu'il ne connaîtra jamais, qu'il ne pourra
jamais comprendre, mais qui est né pour possé-
der le savoir suprême. Celui qui juge ainsi est
toujours l'homme du moyen âge, le fataliste qui
se refuse aux leçons de l'expérience ; il ne peut
profiter des enseignements de l'histoire, il ne sait
rien de l'histoire. Pauvre innocent, il ne sait pas
encore que les castes en se confondant ont cessé

de représenter des réserves d'hommes pour le commandement ou la servitude, qu'il n'y a plus de races prédestinées à fournir un savant maître pour les foules stupides, que le savoir s'est généralisé sans égard aux priviléges, que l'égalité s'est faite, et que lui seul, l'ignorant, est resté en dehors du mouvement social. Louis Blanc avait eu une véritable révélation de l'avenir, lorsqu'en 1848 il opinait pour que le suffrage universel ne fût proclamé qu'avec cette restriction : L'instruction gratuite obligatoire est entendue ainsi, que tout homme ne sachant pas lire et écrire dans trois ou cinq ans à partir de ce jour perdra son droit d'électeur. — Je ne me rappelle pas les termes de la formule, mais je ne crois pas me tromper sur le fond. — Cette sage mesure nous eût sauvés des fautes et des égarements de l'empire, si elle eût été adoptée. Tout homme qui se fût refusé au bienfait de l'éducation se fût déclaré inhabile à prendre part au gouvernement, et on eût pu espérer que la vérité se ferait jour dans les esprits.

Nous avons été voir un vieil ami à Chambon. Cette petite ville, qui m'avait laissé de bons souvenirs, est toujours charmante par sa situation; mais le progrès lui a ôté beaucoup de sa physionomie : on a exhaussé ou nivelé, suivant des besoins sanitaires bien entendus, le rivage de la Vouèze, ce torrent de montagne qui se répandait au hasard dans la ville. De là, beaucoup d'arbres abattus, beaucoup de lignes capricieuses brisées et rectifiées. On n'est plus à même la nature comme autrefois. Le torrent est emprisonné, et comme il n'est pas méchant en ce moment-ci, il paraît d'autant plus triste et humilié. Mon Aurore s'y promène à pied sec là où jadis il passait en grondant et se pressait en flots rapides et clairs. Aujourd'hui des flaques mornes irisées par le savon sont envahies par les laveuses; mais la gorge qui côtoie la ville est toujours fraîche, et les flancs en sont toujours bien boisés.

Nous avions envie de passer là quelques jours, c'était même mon projet quand j'ai quitté Nohant. Je m'assure d'une petite auberge adorablement située où, en été, l'on serait fort bien ; mais nos amis ne veulent pas que nous les quittions : le temps se refroidit sensiblement, et ce lieu-ci est particulièrement froid. Je crains pour nos enfants, qui ont été élevées en plaine, la vivacité de cet air piquant. J'ajourne mon projet. Je fais quelques emplettes et suis étonnée de trouver tant de petites ressources dans une si petite ville. Ces Marchois ont plus d'ingéniosité dans leur commerce, par conséquent dans leurs habitudes, que nos Berrichons.

Notre bien cher ami le docteur Paul Darchy est installé là depuis quelques années. Son travail y est plus pénible que chez nous ; mais il est plus fructueux pour lui, plus utile pour les autres. Le paysan marchois semble revenu des sorciers et des remègeux. Il appelle le médecin, l'écoute, se conforme à ses prescriptions, et tient à honneur de le bien payer. La maison que le docteur a louée est bien arrangée et d'une propreté réjouissante. Il a un petit jardin d'un bon rapport, grâce à un puits profond et abondant qui n'a pas tari, et au fumier de ses deux chevaux. Nous sommes tout étonnés de voir des fleurs, des gazons verts, des légumes qui ne sont pas étiolés, des fruits qui ne tombent pas avant d'être mûrs. Ce petit coin de terre bordé de murailles a caché là et conservé le printemps avec l'automne.

Il me vint à l'esprit de dire au docteur :

— Cher ami, lorsqu'il y a dix ans la mort me tenait doucement endormie, pourquoi les deux amis fidèles qui me veillaient nuit et jour, toi et le docteur Vergne de Cluis, m'avez-vous arrachée à ce profond sommeil où mon âme me quittait sans secousse et sans déchirement ? Je n'aurais pas vu ces jours maudits où l'on se sent mourir avec tout ce que l'on aime, avec son pays, sa famille et sa race !

Il est spiritualiste ; il m'eût fait cette réponse :

— Qu'en savez-vous ? les âmes des morts nous

voient peut-être, peut-être souffrent-elles plus que nous de nos malheurs.

Ou celle-ci :

— Elles souffrent d'autre chose pour leur compte ; le repos n'est point où est la vie.

Je ne l'ai donc pas grondé de m'avoir conservé la vie, sachant, comme lui, que c'est un mal et un bien dont il n'est pas possible de se débarrasser.

Boussac, 28 septembre.

Nous sommes venus ici ce matin pour apporter du linge et des provisions à notre hôte Sigismond, installé depuis quelques jours comme sous-préfet, tandis que nous occupons avec sa femme et ses enfants sa maison de Saint-Loup, à sept lieues de Boussac. Il espérait que la paix mettrait une fin prochaine à cette situation exceptionnelle, et qu'après avoir fait acte de dévouement il pourrait donner vite sa démission et retourner à ses champs pour faire ses se-

mailles et oublier à jamais les *splendeurs* du
pouvoir. Il n'en est point ainsi, le voilà rivé à
une chaîne : il ne s'agit plus de faire activer les
élections et de faire respecter la liberté du vote;
il s'agit d'organiser la défense et de maintenir
l'ordre en inspirant la confiance. Il serait propre
à ce rôle sur un plus grand théâtre, il préfère
ce petit coin perdu où il a réellement l'estime
et l'affection de tous; mais comme il s'ennuie
d'être là sans sa famille! C'est une âme tendre
et vivante à toute heure. Aussi nous lui pro-
mettons de lui ramener tout son clan, et,
puisqu'il est condamné à cet exil, de le partager
quelques jours avec lui. Sa femme et ma belle-
fille s'occupent donc de notre prochaine instal-
lation à Boussac, et je prends deux heures de
repos sur un fauteuil, car nous sommes parties
de bonne heure, et depuis quelques nuits une
toux nerveuse opiniâtre m'interdit le sommeil.

Il fait très-chaud aujourd'hui, le ciel est chargé
d'un gros orage. La chambre qui m'est destinée
est celle où je me trouve. C'est la seule du

château qui ne soit pas glaciale, elle est même très-chaude parce qu'elle est petite et en plein soleil. J'essaye d'y dormir un instant les fenêtres ouvertes; mais ma somnolence tourne à la contemplation. Ce vieux manoir des seigneurs de Boussac, occupé aujourd'hui par la sous-préfecture et la gendarmerie, est un rude massif assez informe, très-élevé, planté sur un bloc de roches vives presque à pic. La Petite-Creuse coule au fond du ravin et s'enfonce à ma droite et à ma gauche dans des gorges étroites et profondes qui sont, avec leurs arbres mollement inclinés et leurs prairies sinueuses, de véritables Arcadies. En face, le ravin se relève en étages vastes et bien fondus pour former un large mamelon cultivé et couronné de hameaux heureusement groupés. Un troisième ravin coupe vers la gauche le flanc du mamelon, et donne passage à un torrent microscopique qui alimente une gentille usine rustique, et vient se jeter dans la Petite-Creuse. Une route qui est assez étroite et assez propre pour figurer une allée de jardin

anglais passe sur l'autre rive, contourne la col-
line, monte gracieusement avec elle et se perd
au loin après avoir décrit toute la courbé de ce
mamelon, que couronne le relèvement du mont
Barlot avec sa citadelle de blocs légendaires, les
fameuses pierres jaunâtres. C'est là qu'il faut
aller, la nuit de Noël, pendant la messe, pour
surprendre et dompter l'animal fantastique qui
garde les trésors de la vieille Gaule. C'est là que
les grosses pierres chantent et se trémoussent
à l'heure solennelle de la naissance du Christ;
apparemment les antiques divinités étaient
lasses de leur règne, puisqu'elles ont pris l'habitude de se réjouir de la venue du Messie, à
moins que leur danse ne soit un frémissement de
colère et leur chant un rugissement de malédiction. Les légendes se gardent bien d'être claires;
en s'expliquant, elles perdraient leur poésie.

Le tableau que je contemple est un des plus
parfaits que j'aie rencontrés. Il m'avait frappée
autrefois lorsque, visitant le vieux château,
j'étais entrée dans cette chambre, alors inha-

bitée, autant que je puis m'en souvenir. Je ne
me rappelle que la grande porte-fenêtre vitrée,
ouvrant sur un balcon vertigineux dont la rampe
en fer laissait beaucoup à désirer. Je m'assure
aujourd'hui qu'elle est solide et que l'épaisse
dalle est à l'épreuve des stations que je me promets d'y faire. Y retrouverai-je l'enchantement
que j'éprouve aujourd'hui ? Cette beauté du pays
n'est-elle pas due à à l'éclat cuivré du soleil qui
baisse dans une vapeur de pourpre, à l'entasse-
ment majestueux et comme tragique des nuées
d'orage qui, après avoir jeté quelques gouttes
de pluie dans le torrent altéré, se replient lourdes
et menaçantes sur le mont Barlot ? Elles ont l'air
de prononcer un refus implacable sur cette terre
qui verdit encore un peu, et qui semble condamnée à ne boire que quand le soleil et le vent
l'auront tout à fait desséchée ; entre ces strates
plombées du ciel, les rayons du couchant se
glissent en poussière d'or. Les arbres jaunis
étincellent, puis s'éteignent peu à peu à mesure
que l'ombre gagne ; une rangée de peupliers

trempe encore ses cimes dans la chaude lumière
et figure une rangée de cierges allumés qui
expirent un par un sous le vent du soir. Là-bas,
dans la fraîche perspective des gorges, les berges
des pâturages brillent comme l'émeraude, et les
vaches sont en or bruni. Là-haut, les pierres
jaunâtres deviennent aussi noires que l'Érèbe,
et on distingue leurs ébréchures sur l'horizon
en feu. Tout près du précipice que je domine,
des maisonnettes montrent discrètement leurs
toits blonds à travers les rideaux de feuillage;
des travaux neufs de ponts et chaussées, toujours très-pittoresques dans les pays accidentés,
dissimulent leur blancheur un peu crue sous un
reflet rosé, et projettent des ombres à la fois
fermes et transparentes sur la coupure hardie
des terrains. A la déclivité du ravin, sous le
rocher très-âpre qui porte le manoir, la terre
végétale reparaît en zones étagées où se décou-
pent de petits jardins enclos de haies et remplis
de touffes de légumes d'un vert bleu. Tout cela
est chatoyant de couleur, et tout cela se fond

rapidement dans un demi-crépuscule plein de langueur et de mollesse.

Je me demande toujours pourquoi tel paysage, même revêtu de la magie de l'effet solaire, est inférieur à un autre que l'on traverse par un temps gris et morne. Je crois que la nature des accidents terrestres a rendu ici la forme irré- prochable. Le sol rocheux ne présente pas de gerçures trop profondes, bien qu'il en offre partout et ne se repose nulle part. Le granit n'y a pas ces violentes attitudes qui émeuvent forte- ment dans les vraies montagnes. Les bancs, quoique d'une dureté extrême, ne semblent pas s'être soulevés douloureusement. On dirait qu'une main d'artiste a composé à loisir, avec ces matériaux cruels, un décor de scènes cham- pêtres. Toutes les lignes sont belles, amples dans leur développement; elles s'enchaînent amicalement. Si elles ont à se heurter, elles se donnent assez de champ pour se préparer par d'adorables caprices à changer de mode. La lyre céleste qui a fait onduler ici l'écorce terrestre a passé du majeur au mineur avec une science infinie. Tout semble se construire avec réflexion, s'étager et se développer avec mesure. Quand il faut que les masses se précipitent, elles aiment mieux se laisser tomber ; elles repoussent l'effroi et se disposent pour former des abris au lieu d'abîmes. L'œil pénètre partout, et partout il pénètre sans terreur et sans tristesse. Oui, décidément je crois que, de ce château haut perché, j'aurai sous les yeux, même dans les jours sombres, un spectacle inépuisable.

Tout s'est éteint, on m'appelle pour dîner. Je n'ai pas dormi, j'ai fait mieux, j'ai oublié... Il faut se souvenir du *Dieu des batailles*, prêt à ravager peut-être ce que le Dieu de la création a si bien soigné, et ce que l'homme, son régisseur infatigable, a si gracieusement orné ! — Maudit soit le kabyre ! Allons-nous recommencer l'âge odieux des sacrifices humains ?

Saint-Loup, 29 septembre.

Nous sommes reparties hier soir à neuf heures ; nous avons traversé les grandes landes et les bois déserts sans savoir où nous étions. Un brouillard sec, blanc, opaque comme une exhalaison volcanique, nous a ensevelies pendant plusieurs lieues. Mon vieux cocher Sylvain était le seul homme de la compagnie. Ma fille Lina dormait, Léonie s'occupait à faire dormir chaudement son plus jeune fils. Je regardais le brouillard autant qu'on peut voir ce qui empêche de voir. Fatiguée, je continuais à me reposer dans l'oubli du réel. Nous sommes rentrées à Saint-Loup vers minuit, et là Léonie nous a dit qu'elle avait eu peur tout le temps sans vouloir en rien dire. Comme c'est une femme brave autant qu'une vaillante femme, je me suis étonnée.

— Je ne sais, me dit-elle, pourquoi je me suis sentie effrayée par ce brouillard et l'isolement.

On a maintenant des idées noires qu'on n'avait jamais. On s'imagine que tout homme qui paraîtrait doit être un espion qui prépare notre ruine, ou un bandit chassé des villes qui cherche fortune sur les chemins.

Cette idée m'est quelquefois venue aussi dans ces derniers temps. On a cru que les inutiles et les nuisibles chassés de Paris allaient inonder les provinces. On a signalé effectivement à Nohant un passage de mendiants d'allure suspecte et de langage impérieux quelques jours après notre départ; mais tout cela s'est écoulé vite, et jamais les campagnes n'ont été plus tranquilles. C'est peut-être un mauvais signe. Peut-être les bandits, pour trouver à vivre, se sont-ils faits tous espions et pourvoyeurs de l'ennemi. On dit que les trahisons abondent, et on ne voit presque plus de mendiants. Il est vrai que la peur des espions prussiens s'est répandue de telle sorte que les étrangers les plus inoffensifs, riches ou pauvres, sont traqués partout, chassés ou arrêtés sans merci. Il ne fait pas bon de quit

ter *son endroit*, on risque de coucher en prison
plus souvent qu'à l'auberge.

Ces terreurs sont de toutes les époques agitées. Mon fils me rappelait tantôt qu'il y a une
vingtaine d'années il avait été arrêté à Boussac
précisément; j'avais oublié les détails, il les raconte à la veillée. Ils étaient partis trois, juste
comme les trois Prussiens vus en imagination
ces jours-ci sur les pierres jaumâtres, et c'est aux
pierres jaumâtres qu'ils avaient été faire une ex-
cursion. Autre coïncidence bizarre, un des deux
compagnons de mon fils était Prussien.

— Comment? dit Léonie, un Prussien !

— Un Prussien dont l'histoire mérite bien
d'être racontée. C'était le docteur M..., qui, à
l'âge de dix-neuf ou vingt ans, avait été condamné à être *roué vif* pour cause politique. Les
juges voulurent bien, à cause de sa jeunesse,
prononcer qu'il serait roué de *haut en bas*. Le
roi fit grâce, c'est-à-dire qu'il commua la peine
en celle de la prison à perpétuité, et quelle prison ! Après dix ans de *carcere duro*, — je ne sais

4.

comment cela s'appelle en allemand, — M... fut
compris dans une sorte d'amnistie et accepta
l'exil avec joie. Il vint en France où il passa
plusieurs années, dont une chez nous, et c'est à
cette époque qu'en compagnie de Maurice Sand
et d'Eugène Lambert, ce digne et cher ami faillit
encore tâter de la prison... à Boussac! A cette
époque-là, on ne songeait guère aux Prussiens.
Une série inexpliquée d'incendies avait mis en
émoi, on s'en souvient, une partie de la France.
On voyait donc partout des incendiaires et on
arrêtait tous les passants. Justement M... avait
sur lui un guide du voyageur, et les deux autres
prenaient des croquis tout le long du chemin.
Ils avaient tiré de leurs sacoches un poulet froid,
un pain et une bouteille de vin; ils avaient dé-
jeuné sur la grosse pierre du mont Barlot, ils
avaient même allumé un petit feu de bruyères
pour invoquer les divinités celtiques, et Lambert y avait jeté les os du poulet pour faire honneur, disait-il, aux mânes du grand chef que
l'on dit enseveli sous la roche. On les observait

de loin, et, comme ils rentraient pour coucher à leur auberge, ils furent appréhendés par six bons gendarmes et conduits devant le maire, qui en reconnaissant mon fils se mit à rire. Il n'en eut pas moins quelque peine à délivrer ses compagnons; les bons gendarmes étaient de mauvaise humeur. Ils objectaient que le maire pouvait bien reconnaître un des suspects, mais qu'il ne pouvait répondre des deux autres. Je crois que le sous-préfet dut s'en mêler et les prendre sous sa protection.

J'ai enfin dormi cette nuit. L'orage a passé ici sans donner une goutte d'eau, tout est plus sec que jamais. L'eau à boire devient tous les jours plus rare et plus trouble. Le soleil brille toujours plus railleur, et le vent froid achève la besogne. Ce climat-ci est sain, mais il me fait mal, à moi; j'adore les hauteurs, mais je ne puis vivre que dans les creux abrités. Peut-être aussi l'eau devient-elle malfaisante; tous mes amis me trahissent, car j'aime l'eau avec passion, et le vin me répugne.

Nous lisons tout au long la relation de Jules
Favre, son entrevue avec M. de Bismarck. C'est
une belle page d'histoire; c'est grand, c'est ému;
puis le talent du narrateur aide à la conviction.
Bien dire, c'est bien sentir. Il n'y a donc pas de
paix possible ! Une voix forte crie dans le haut
de l'âme :

— Il faut vaincre.

— Une voix dolente gémit au fond du cœur :

— Il faut mourir !

30 septembre.

Les enfants nous forcent à paraître tranquilles.
Ils jouent et rient autour de nous. Aurore vient
prendre sa leçon, et pour récompense elle veut
que je lui raconte des histoires de fées. Elle n'y
croit pas, les enfants de ce temps-ci ne sont
dupes de rien; mais elle a le goût littéraire, et
l'invention la passionne. Je suis donc condamnée à composer pour elle, chaque jour pendant
une heure ou deux, les romans les plus inatten-

dus et les moins digérés. Dieu sait si je suis en veine! L'imagination est morte en moi, et l'enfant est là qui questionne, exige, réveille la défunte à coups d'épingle. L'amusement de nos jours paisibles me devient un martyre. Tout est douleur à présent, même ce délicieux tête-à-tête avec l'enfance qui retrempe et rajeunit la vieillesse. N'importe, je ne veux pas que la bien-aimée soit triste, ou que, livrée à elle-même, elle pense plus que son âge ne doit penser. Je me fais aider un peu par elle en lui demandant ce qu'elle voit dans ce pays de rochers et de ravins, qui ressemble si peu à ce qu'elle a vu jusqu'à présent. Elle y place des fées, des enfants qui voyagent sous la protection des bons esprits, des animaux qui parlent, des génies qui aiment les animaux et les enfants. Il faut alors raconter comme quoi le loup n'a pas mangé l'agneau qui suivait la petite fille, parce qu'une fée très-blonde est venue enchaîner le loup avec un de ses cheveux qu'il n'a jamais pu briser. Une autre fois il faut raconter comment la petite fille a dû

monter tout en haut de la montagne pour secourir une fourmi blanche qui lui était apparue en
rêve, et qui lui avait fait jurer de venir la sauver
du bec d'une hirondelle rouge fort méchante. Il
faut que le voyage soit long et circonstancié,
qu'il y ait beaucoup de descriptions de plantes
et de cailloux. On demande aussi du comique.
Les nains de la caverne doivent être fort drôles.
Heureusement l'avide écouteuse se contente de
peu. Il suffit que les nains soient tous borgnes
de l'œil droit comme les calenders des *Mille et
une Nuits*, ou que les sauterelles de la lande
soient toutes boiteuses de la jambe gauche, pour
que l'on rie aux éclats. Ce beau rire sonore et
frais est mon payement ; l'enfant voit quelquefois
des larmes dans mes yeux, mais, comme je
tousse beaucoup, je mets tout sur le compte d'un
rhume que je n'ai pas.

Encore une fois, nous sommes au pays des
légendes. J'aurais beau en fabriquer pour ma
petite-fille, les gens d'ici en savent plus long. Ce
sont les facteurs de la poste qui, après avoir dis-

tribué les choses imprimées, rapportent les *on dit* du bureau voisin. Ces *on dit*, passant de bouche en bouche, prennent des proportions fabuleuses. Un jour nous avons tué d'un seul coup trois cent mille Prussiens; une autre fois le roi de Prusse est fait prisonnier; mais la croyance la plus fantastique et la plus accréditée chez le paysan, c'est que son empereur a été trahi à Sedan par ses généraux, *qui étaient tous républicains !*

1er octobre 1870.

Je suis tout à fait malade, et mon bon Darchy arrive en prétendant comme toujours qu'il vient par hasard. Mes enfants l'ont averti, et, pour ne pas les contrarier, je feins d'être dupe. Au reste, sitôt que le médecin arrive, la peur des médicaments fait que je me porte bien. Il sait que je les crains et qu'ils me sont nuisibles. Il me parle régime, et je suis d'accord avec lui sur les soins très-simples et très-rationnels qu'on peut prendre de soi-même; mais le moyen de penser à soi à toute heure dans le temps où nous sommes

Nous faisons nos paquets. Léonie transporte toute sa maison à Boussac. Ce sera l'arrivée d'une *smala*.

Boussac, dimanche 2 octobre.

C'est une smala en effet. Sigismond nous attend les bras ouverts au seuil du château; ce seuil est une toute petite porte ogivale, fleuronnée, qui ouvre l'accès du gigantesque manoir sur une place plantée d'arbres et des jardins abandonnés. Notre aimable hôte a travaillé activement et ingénieusement à nous recevoir. La sous-préfecture n'avait que trois lits, peu de linge et de la vaisselle cassée. Des personnes obligeantes ont prêté ou loué le nécessaire, nous apportons le reste. On prend possession de ce bizarre séjour, ruiné au dehors, rajeuni et confortable au dedans.

Confortable en apparence! Il y a une belle

salle à manger où l'on gèle faute de feu, un vaste
salon assez bien meublé où l'on grelotte au coin
du feu, des chambres immenses qui ont bon air,
mais où mugissent les quatre vents du ciel.
Toutes les cheminées fument. On est très-sensible aux premiers froids du soir après ces journées de soleil, et nous disons du mal des châ-
telains du temps passé, qui amoncelaient tant
de pierres pour être si mal abrités ; mais on n'a
pas le temps d'avoir froid. Sigismond attend demain Nadaud, qui a donné sa démission de préfet de la Creuse, et qui est désigné comme candidat à la députation par le parti populaire et le
parti républicain du département. Il représente,
dit-on, les deux nuances qui réunissent ici, au
lieu de les diviser, les ouvriers et les bourgeois
avancés. Sigismond a fait en quelques jours un
travail prodigieux. Il a fait déblayer la salle des
gardes, qui était abandonnée à tous les animaux
de la création, où les chouettes trônaient en per-
manence dans les bûches et les immondices de
tout genre entassées jusqu'au faîte. On ne pou-

5

vait plus pénétrer dans cette salle, qui est la
plus vaste et la plus intéressante du château.
Elle est à présent nettoyée et parfumée de grands
feux de genévrier allumés dans les deux cheminées monumentales surmontées de balustrades
découpées à jour. Le sol est sablé. Une grande
estrade couverte de tapis attend l'orateur, des
fauteuils attendent les dignitaires de l'endroit.
Toute la garde nationale peut être à l'abri sous
ce plafond à solives noircies. Nous visitons ce
local, qui ne nous avait jamais été ouvert, et qui
est un assez beau vestige de la féodalité. Il est
bâti comme au hasard ainsi que tout le château,
où les notions de symétrie paraissent n'avoir jamais pénétré. Le carré est à angles inégaux, le
plafond s'incline en pente très-sensible. Les
deux cheminées sont dissemblables d'orne-
ments, ce qui n'est point un mal; l'une occupe
le fond, l'autre est située sur le côte, dont on
n'a nullement cherché le milieu. Les portes
sont, comme toujours, infiniment petites, eu
égard à la dimension du vaisseau. Les fenêtres

sont tout à fait placées au hasard. Malgré ces
vices volontaires ou fortuits de construction,
l'ensemble est imposant et porte bien l'em-
preinte de la vie du moyen âge. Une des cheminées qui a cinq mètres d'ouverture et autant
d'élévation présente une singularité. Sous le
manteau, près de l'âtre, s'ouvre un petit escalier
qui monte dans l'épaisseur du mur. Où condui-
sait-il? Au bout de quelques marches, il rencontre une construction plus récente qui l'arrête.

3 octobre.

Ma petite chambre, si confortable, en apparence, est comme les autres lézardée en mille
endroits. Dans le cabinet de toilette, le vent
éteint les bougies à travers les murs. L'alcôve
seule est assez bien close, et j'y dors enfin; le
changement me réussit toujours.

Dans la nuit pourtant je me rappelle que j'ai
oublié au salon une lettre à laquelle je tiens. Le

salon est là, au bout d'un petit couloir sombre.
J'allume une bougie, j'y pénètre. Je referme la
porte derrière moi sans la regarder. Je trouve
sur la cheminée l'objet cherché. Le grand feu
qu'on avait allumé dans la soirée continue de
brûler, et jette une vive lueur. J'en profite pour
regarder à loisir les trois panneaux de tapisserie
du xvᵉ siècle qui sont classés dans les monuments
historiques. La tradition prétend qu'ils ont décoré la tour de Bourganeuf durant la captivité
de Zizime. M. Adolphe Joanne croit qu'ils représentent des épisodes du roman de *la Dame à la
licorne*. C'est probable, car la licorne est là, non
passante ou *rampante* comme une pièce d'ar-
moirie, mais donnant la réplique, presque la
patte, à une femme mince, richement et bizar-
rement vêtue, qu'escorte une toute jeune fillette
aussi plate et aussi mince que sa patronne. La
licorne est blanche et de la grosseur d'un cheval. Dans un des tableaux, la dame prend des
bijoux dans une cassette; dans un autre, elle
joue de l'orgue; dans un troisième, elle va en

guerre, portant un étendard aux plis cassants, tandis que la licorne tient sa lance en faisant la belle sur son train de derrière. Cette dame blonde et ténue est très-mystérieuse, et tout d'abord elle a présenté hier à ma petite-fille l'aspect d'une fée. Ses costumes très-variés sont d'un goût étrange, et j'ignore s'ils ont été de mode ou s'ils sont le fait du caprice de l'artiste. Je remarque une aigrette élevée qui n'est qu'un bouquet des cheveux rassemblés dans un ruban, comme une queue à pinceau plantée droit sur le front. Si nous étions encore sous l'empire, il faudrait proposer cette nouveauté aux dames de la cour, qui ont cherché avec tant de passion dans ces derniers temps des innovations désespérées. Tout s'épuisait, la fantaisie du costume comme les autres fantaisies. Comment ne s'est-on pas avisé de la queue de cheveux menaçant le ciel? Il faut venir à Boussac, le plus petit chef-lieu d'arrondissement qui soit en France, pour découvrir ce moyen de plaire. En somme, ce n'est pas plus laid que tant de choses laides qui ont régné sans conteste, et

d'ailleurs l'harmonie de ces tons fanés de la tapisserie rend toujours agréable ce qu'elle représente.

Ayant assez regardé la fée, je veux retourner
à ma chambre. Le salon a cinq portes bien visibles. Celle que j'ouvre d'abord me présente les
rayons d'une armoire. J'en ouvre une autre et
me trouve en présence de sa majesté Napoléon III,
en culotte blanche, habit de parade, la mousta-
che en croc, les cheveux au vent, le teint frais
et l'œil vif : âge éternel, vingt-cinq ans. C'est le
portrait officiel de toutes les administrations se-
condaires. La peinture vaut bien cinquante
francs, le cadre un peu plus. Ce portrait ornait
le salon. C'est le sous-préfet sortant qui, au lendemain de Sedan, a eu peur d'exciter les passions en laissant voir l'image de son souverain.
Sigismond voulait la remettre à son clou, disant
qu'il n'y a pas de raison pour détruire un portrait historique; mais celui-ci est si mauvais et
si menteur qu'il ne mérite pas d'être gardé, et je
lui ai conseillé de le laisser où l'a mis son pré-

décesseur, c'est-à-dire dans un passage où personne ne lui dira rien. En attendant, ce portrait n'est pas placé dans la direction de ma chambre, et je referme la porte entre lui et moi. La troisième porte conduit à l'escalier en vis qui remplit la tour pentagonale. La quatrième donne sur la salle à manger ; la cinquième mène à la chambre de mon fils. Me voilà stupéfaite, cherchant une sixième porte dont je ne devine pas l'emplacement et qui doit être la mienne. Le château serait-il enchanté ? Après bien des pas perdus dans cette grande salle, je découvre enfin une porte invraisemblablement placée dans la boiserie sur un des pans de la profonde embrasure d'une fenêtre, et je me réintègre dans mon appartement sans autre aventure.

A neuf heures, on déjeune avec Nadaud, que Sigismond a été chercher dès sept heures au débarcadère de La Vaufranche. Je l'avais vu, il y a quelques années, lors d'un voyage qu'il fit en France. Il a vieilli, ses cheveux et sa barbe ont blanchi, mais il est encore robuste. C'est un an-

cien maçon, élevé comme tous les ouvriers, mais
doué d'une remarquable intelligence. Doux,
grave et ferme, exempt de toute mauvaise passion, il fut élu en 1848 à la Constituante par ses
compatriotes de la Creuse. En Berry, comme partout, ce que l'on dédaigne le plus, c'est le voisin.
Aussi a-t-on fort mauvaise opinion chez nous du
Marchois. On l'accuse d'être avide et trompeur ;
mais on reconnaît que, quand il est bon et sincère, il ne l'est pas à demi. Nadaud est un bon
dans toute la force du mot. Exilé en 1852, il
passa en Angleterre, où il essaya de reprendre
la truelle ; mais les maçons anglais lui firent
mauvais accueil et lui surent méchant gré de
proscrire de ses habitudes l'ivresse et le pugilat.
Ils se méfièrent de cet homme sobre, recueilli
dans un silence modeste, dont ils ne comprenaient d'ailleurs pas la langue. Ils comprenaient
encore moins le rôle qu'il avait joué en France ;
ils lui eussent volontiers cherché querelle. Il se
retira dans une petite chambre pour apprendre
l'anglais tout seul. Il l'apprit si bien qu'en peu

de temps il le parla comme sa propre langue, et ouvrit des cours d'histoire et de littérature française en anglais, s'instruisant, se faisant érudit, critique et philosophe avec une rapidité d'intuition et un acharnement de travail extraordinaires chez un homme déjà mûr. Sa dignité intérieure rayonne doucement dans ses manières, qui sont celles d'un vrai *gentleman*. Il ne dit pas un mot, il n'a pas une pensée qui soient entachés d'orgueil ou de vanité, de haine ou de ressentiment, d'ambition ou de jalousie. Il est naïf comme les gens sincères, absolu comme les gens convaincus. On peut le prendre pour un enfant quand il interroge, on sent revenir la supériorité de nature quand il répond. Il était arrivé d'Angleterre en habit de professeur : il a repris le paletot de l'ouvrier ; mais ce n'est ni un ouvrier ni un monsieur comme l'entend le préjugé : c'est un homme, et un homme rare qu'on peut aborder sans attention, qu'on ne quitte pas sans respect.

Boussac étant une des stations de sa tournée

électorale, c'est pour le mettre en rapport avec les hommes du pays que Sigismond a préparé la grande salle aux gardes. Boussac y entasse ses mille cinquante habitants ; les gens de la campagne affluent sur la place du château, qui domine le ravin ; les enfants grimpent sur les balustrades vertigineuses. Tous les maires des environs sont plus ou moins assis à l'intérieur. Les pompiers sont sous les armes, la garde nationale, organisée tant bien que mal, maintient l'ordre, et Nadaud parle d'une voix douce qui se fait bien entendre. Il est timide au début, il se méfie de lui-même ; il m'avait fait promettre de ne pas l'écouter, de ne pas le *voir* parler. J'ai tenu parole. Il est venu ensuite causer avec moi dans ma chambre. C'est dans l'intimité qu'on se connaît, et je crois maintenant que je le connais bien. Il est digne de représenter les bonnes aspirations du peuple et du tiers. Nous nous sommes résumés ainsi : n'ayons pas d'illusions qui passent, ayons la foi qui demeure.

A trois heures, on l'a convoqué à une nouvelle

séance publique. Tout le monde des environs n'était pas arrivé pour la première, et les gens de l'endroit voulaient encore entendre et comprendre. Il leur parlait une langue ancienne qui leur paraissait nouvelle, bravoure, dévouement et sacrifice; il n'était plus question de cela depuis vingt ans. On ne parlait que du rendement de l'épi et du prix des bestiaux. « Il faut savoir ce que veut de nous cet homme qui est un pauvre, un rien du tout, comme nous, et qui ne paraît pas se soucier de nos petits intérêts. » Je n'ai pas assisté non plus à la reprise de cet enseignement de famille; Sigismond me le raconte. La première audition avait été attentive, étonnée, un peu froide. Nadaud parle mal au commencement; il a un peu perdu l'habitude de la langue française, les mots lui viennent en anglais, et pendant quelques instants il est forcé de se les traduire à lui-même. Cet embarras augmente sa timidité naturelle; mais peu à peu sa pensée s'élève, l'expression arrive, l'émotion intérieure se révèle et se communique. Il a donc gagné sa cause ici, et l'on s'en va en disant :

— C'est un homme *tout à fait bien.*

Simple éloge, mais qui dit tout.

Le soir venu, il remonte en voiture avec Sigismond et une escorte improvisée de garde nationale à cheval. Les pompiers et les citoyens font la haie avec des flambeaux. On se serre les mains ; Nadaud prononce encore quelques paroles affectueuses et d'une courtoisie recherchée. La voiture roule, les cavaliers piaffent ; ceux qui restent crient *vive l'ouvrier !* La noire façade armoriée du manoir de Jean de Brosse ne s'écroule pas à ce cri nouveau du XIXᵉ siècle. Les chouettes, stupéfiées par la lumière, reprennent silencieusement leur ronde dans la nuit grise.

4 octobre.

En somme, nous avons parlé doctrine et nullement politique. Est-il, ce que les circonstances réclament impérieusement, un homme pratique ? Je ne sais. Je ne serais pas la personne capable de le juger. Les opinions sont si divisées qu'en voulant faire pour le mieux on doit se heurter à tout et peut-être heurter tout le monde.

Le beau temps, qui est aujourd'hui synonyme de temps maudit, continue à tout dessécher. L'eau est encore plus rare ici qu'à Saint-Loup ; on va la chercher à une demi-lieue sur une côte rocheuse où les chevaux ont grand'peine à monter et à descendre les tonneaux. Nous l'économisons, quoiqu'elle ne le mérite guère ; elle est blanche et savonneuse.

Promenade dans les ravins. Je craignais de les trouver moins jolis d'en bas que d'en haut. Ils sont charmants partout et à toute heure : c'est un adorable pays. Après avoir longé la rivière, nous avons remonté au manoir par un escalier étourdissant : une centaine de mètres en zigzag, tantôt sur le roc, tantôt sur des gradins de terre soutenus par des planches, tantôt sur de vieilles dalles avec une sorte de rampe ; ailleurs un fil de fer est tendu d'un arbre à l'autre en cas de vertige. A chaque étage, de belles

croupes de rochers ou de petits jardins en pente
rapide, des arbres de temps en temps faisant
berceau sur l'abîme. Ces gentils travaux sont, je
crois, l'ouvrage des gendarmes, qui vivent dans
une partie réservée du château et se livrent au
jardinage et à l'élevage des lapins. Ce sont peut-
être les mêmes gendarmes qui ont autrefois arrêté Maurice. Quoi qu'il en soit, nous vivons aujourd'hui en bons voisins, et ils nous permettent
d'admirer leurs légumes. Mes petites-filles grimpent très-bien et sans frayeur cette échelle au
flanc du précipice. Moi je m'en tire encore bien,
mais je suis éprouvée par cet air trop vif. On ne
place pas impunément son nid, sans transition,
à trois cents mètres plus haut que d'habitude.

Nous avons fait une trouvaille au fond du
ravin. Sous un massif d'arbres, il y a à nos pieds
une maisonnette rouge que nous ne voyions pas;
c'est un petit établissement de bains, très-rus-
tique, mais très-propre. Outre l'eau de la Creuse,
qui n'est pas tentante en ce moment, la bonne
femme qui dirige toute seule son exploitation

possède un puits profond et abondant encore ;
l'eau est belle et claire. Nous nous faisons une
fête de nous y plonger demain ; nous n'espérions
pas ce bien-être à Boussac. Ces Marchois nous
sont décidément très-supérieurs.

5 octobre.

Grâce au bain, à la belle vue et surtout aux
excellents amis qui nous comblent de soins et
d'affection, nous resterions volontiers ici à attendre la fin de l'épidémie, qui ne cesse pas à
Nohant : les nouvelles que nous en recevons
sont mauvaises ; mais nous avons un homme
avec nous, un homme inoccupé qui veut retourner au moins à La Châtre pour n'avoir pas
l'air de fuir le danger commun, puisque le
danger approche. Il voulait nous mener, mère,
femme et enfants, dans le Midi ; nous disions
oui, pensant qu'il y viendrait avec nous, et at-
tendrait là qu'on le rappelât au pays en cas de
besoin. Par malheur, les événements vont vite,

et quiconque s'absente en ce moment a l'air de
déserter. Comme à aucun prix nous ne voulons
le quitter avant qu'on ne nous y oblige, nous
renonçons au Midi, et nous nous occupons, par
correspondance, de louer un gîte quelconque à
La Châtre.

6 octobre.

A force d'être poëte à Boussac, on est très-
menteur ; on vient nous dire ce matin que la
peste noire est dans la ville, la variole purpurale,
celle qui nous a fait quitter Nohant. On s'informe ; la nouvelle fait des petits. Il y a des cadavres exposés devant toutes les portes ; c'est là,
— à deux pas, vous verrez bien ! — Maurice ne
voit rien, mais il s'inquiète pour nous et veut
partir. Comme nous comptions partir en effet
dimanche, je consens, et je reboucle ma malle ;
mais Sigismond nous traite de fous, il interroge
le maire et le médecin. Personne n'est mort depuis huit jours, et aucun cas de variole ne s'est

manifesté. Je défais ma malle, et j'apprends une
autre nouvelle tout aussi vraie, mais plus jolie.
La nuit dernière, trois revenants, toujours trois,
sont venus chanter sur le petit pont de planches
qui est juste au-dessous de ma fenêtre, et que
je distingue très-bien par une éclaircie des arbres ; ils ont même fait entendre, assure-t-on,
une très-belle musique. Et moi qui n'ai rien vu,
rien entendu ! J'ai dormi comme une brute, au
lieu de contempler une scène de sabbat par un
si beau clair de lune, et dans un site si bien fait
pour attirer les ombres !

7 octobre.

Promenade à Chissac, c'est le domaine de Sigismond, dans un pays charmant. Prés, collines
et torrents. La face du mont Barlot, opposée à
celle que nous voyons de Boussac, ferme l'horizon. Nous suivons les déchirures d'un petit
torrent perdu sous les arbres, et nous faisons
une bonne pause sous des noyers couverts de

mésanges affairées et jaseuses que nous ne dérangeons pas de leurs occupations. Ce serait un jour de bonheur, si l'on pouvait être heureux à présent. Est-ce qu'on le sera encore? Il me semble qu'on ne le sera plus; on aura perdu trop d'enfants, trop d'amis! — Et puis on s'aperçoit qu'on pense à tout le monde comme à soi-même, que tout nous est famille dans cette pauvre France désolée et brisée!

Les nouvelles sont meilleures ce soir. Le Midi s'apaise, et sur le théâtre de la guerre on agit, on se défend. Et puis le temps a changé, les idées sont moins sombres. J'ai vu, à coup sûr, de la pluie pour demain dans les nuages, que j'arrive à très-bien connaître dans cette immensité de ciel déployée autour de nous. L'air était souple et doux tantôt; à présent, un vent furieux s'élève : c'est le vent d'ouest. Il nous détend et nous porte à l'espérance.

8 octobre.

La tempête a été superbe cette nuit. D'énormes nuages effarés couraient sur la lune, et le vent soufflait sur le vieux château comme sur un navire en pleine mer. Depuis Tamaris, où nous avons essuyé des tempêtes comparables à celle-ci, je ne connaissais plus la voix de la bourrasque. A Nohant, dans notre vallon, sous nos grands arbres, nous entendons mugir; mais ici c'est le rugissement dans toute sa puissance, c'est la rage sans frein. Les grandes salles vides, délabrées et discloses, qui remplissent la majeure partie inhabitée du bâtiment, servent de soufflets aux orgues de la tempête, les tours sont les tuyaux. Tout siffle, hurle, crie ou grince. Les jalousies de ma chambre se défendent un instant; bientôt elles s'ouvrent et se referment avec le bruit du canon. Je cherche une corde pour les empêcher d'être emportées dans l'espace. Je reconnais que je risque fort de les suivre en m'aventurant sur le balcon. J'y renonce, et comme tout désagrément qu'on ne peut empêcher doit être tenu pour nul, je m'endors profondément au milieu d'un vacarme prodigieusement beau.

Nous faisons nos paquets, et nous partons demain sans savoir si nous trouverons un gîte à La Châtre. Les lettres mettent trois ou quatre jours pour faire les dix lieues qui nous séparent de notre ville. Ce n'est pas que la France soit déjà désorganisée par les nécessités de la guerre, cela a toujours été ainsi, et on ne saura jamais pourquoi. — Ce soir, je dis adieu de ma fenêtre au ravissant pays de Boussac et à ses bons habitants, qui m'ont paru, ceux que j'ai vus, distingués et sympathiques. J'ai passé trois semaines dans ce pays creusois, trois semaines des plus amères de ma vie, sous le coup d'événements qui me rappellent Waterloo, qui n'ont pas la grandeur de ce drame terrible, et qui paraissent plus effrayants encore. Toute une vie collective remise en question ! — On dit que cela peut

durer longtemps encore. L'invasion se répand,
rien ne semble préparé pour la recevoir. Nous
tombons dans l'inconnu, nous entrons dans la
phase des jours sans lendemain ; nous nous faisons l'effet de condamnés à mort qui attendent
du hasard le jour de l'exécution, et qui sont
pressés d'en finir parce qu'ils ne s'intéressent
plus à rien. Je ne sais si je suis plus faible que
les autres, si l'inaction et un état maladif m'ont
rendue lâche. J'ai fait bon visage tant que j'ai
pu ; je me suis abstenue de plaintes et de paroles décourageantes, mais je me suis sentie,
pour la première fois depuis bien des années,
sans courage intérieur. Quand on n'a affaire
qu'à soi-même, il est facile de ne pas s'en soucier, de s'imposer des fatigues, des sacrifices, de
subir des contrariétés, de surmonter des émo-
tions. La vie ordinaire est pleine d'incidents
puérils dont on apprend avec l'âge à faire peu
de cas ; on est trahi ou leurré, on est malade,
on échoue dans de bonnes intentions, on a des
séries d'ennuis, des heures de dégoût. Que tout

cela est aisé à surmonter! On vous croit stoïque
parce que vous êtes patient, vous êtes tout simplement lassé de souffrir des petites choses. On
a l'expérience du peu de durée, l'appréciation
du peu de valeur de ces choses; on se détache
des biens illusoires, on se réfugie dans une vie
expectante, dans un idéal de progrès dont on se
désintéresse pour son compte, mais dont on
jouit pour les autres dans l'avenir. Oui, oui, tout
cela est bien facile et n'a pas de mérite. Ce qu'il
faudrait, c'est le courage des grandes crises sociales, c'est la foi sans défaillance, c'est la vision
du beau idéal remplaçant à toute heure le sens
visuel des tristes choses du présent; mais comment faire pour ne pas souffrir de ce qui est
souffert dans le monde, à un moment donné,
avec tant de violence et dans de telles proportions? Il faudrait ne point aimer, et il ne dépend
pas de moi de n'avoir pas le cœur brisé.

En changeant de place et de milieu, vais-je
changer de souffrance comme le malade qui se
retourne dans son lit? Je sais que je retrouverai

ailleurs d'excellents amis. Je regrette ceux que
je quitte avec une tendresse effrayée, presque
pusillanime. Il semble à présent, quand on s'é-
loigne pour quelques semaines, qu'on s'embrasse
pour la dernière fois, et comme il est dans la
nature de regretter les lieux où l'on a souffert,
je regrette le vieux manoir, le dur rocher, le
torrent sans eau, le triste horizon des pierres
jaunâtres, le vent qui menace de nous ensevelir
sous les ruines, les oiseaux de nuit qui pleurent
sur nos têtes, et les revenants qui auraient peut-
être fini par se montrer.

La Châtre, 9 octobre.

J'ai quitté mes hôtes le cœur gros. Je n'ai jamais aimé comme à présent; j'avais envie de
pleurer. Ils sont si bons, si forts, si tendres, ces
deux êtres qui ne voulaient pas nous laisser
partir! Leur courage, leurs beaux moments de
gaieté nous soutenaient: — Leur famille et la
nôtre ne faisaient qu'une, les enfants étaient

comme une richesse en commun. Pauvres chers
enfants ! cent fois par jour, on se dit :

— Ah ! s'ils n'étaient pas nés ! si j'étais seul
au monde, comme je serais vite consolé par une
belle mort de cette mort lente dont nous savou-
rons l'amertume !

Toujours cette idée de mourir, pour ne
plus souffrir se présente à l'esprit en détresse.
Pourquoi cette devise de la sagesse antique :
Plutôt souffrir que mourir? Est-ce une raillerie
de la faiblesse humaine qui s'attache à la vie en
dépit de tout? Est-ce un précepte philosophique
pour nous prouver que la vie est le premier des
biens?— Moi, j'en reviens toujours à cette idée,
qu'il est indifférent et facile de mourir quand
on laisse derrière soi la vie possible aux autres,
mais que mourir avec sa famille, son pays et sa
race, est une épreuve au-dessus du stoïcisme.

Nous revenons dans l'Indre avec la pluie.
D'autres bons amis nous donnent l'hospitalité
Mon vieux Charles Duvernet et sa femme nous
ouvrent les bras. Ils ne sont point abattus; ils

fondent leur espérance sur le gouvernement. Moi, j'espère peu de la province et de l'action possible de ce gouvernement, qui n'a pas la confiance de la majorité. Il faut bien ouvrir les yeux, le pays n'est pas républicain. Nous sommes une petite fraction partout, même à Paris, où le sentiment bien entendu de la défense fait taire l'opinion personnelle. Si cette admirable abnégation amène la délivrance, c'est le triomphe de la forme républicaine ; on aura fait cette dure et noble expérience de se gouverner soi-même et de se sauver par le concours de tous ; — mais Paris peut-il se sauver seul ? et si la France l'abandonne !... on frémit d'y penser.

La Châtre, 10 octobre 1870.

Abandonner Paris, ce serait s'abandonner soi-même. Je ne crois pas que personne en doute. Je trouve à notre petite ville une bonne physionomie. Elle a pris l'allure militaire qui convient. Ces bourgeois et ces ouvriers avec le fusil sur

6

l'épaule n'ont rien de ridicule. Le cœur y est. Si
on les aidait tant soit peu, ils défendraient au
besoin leurs foyers ; mais, soit pénurie, soit né-
gligence, soit désordre, loin de nous armer, on
nous désarme, on prend les fusils des pompiers
pour la garde nationale, et puis ceux de la garde
sédentaire pour la mobilisée, en attendant qu'on
les prenne pour la troupe, et quels fusils ! Pour
toutes choses, il y a gâchis de mesures annoncées
et abandonnées, d'ordres et de contre-ordres.
Je vois partout de bonnes volontés paralysées
par des incertitudes de direction que l'on ne sait
à qui imputer. Tout le monde accuse quelqu'un,
c'est mauvais signe. Nous trompe-t-on quand on
nous dit qu'il y a de quoi armer jusqu'aux dents
toute la France ? J'ai bien peur des illusions et
des fanfaronnades. Certains journaux le prennent sur un ton qui me fait trembler. En attendant, l'inaction nous dévore : écrire, parler, ce
n'est pas là ce qu'il nous faudrait.

Nous allons au Coudray à travers des torrents
de pluie. La Vallée noire, que l'on embrasse de

ce point élevé, est toujours belle. Ce n'est pas le paysage fantaisiste et compliqué de la Creuse, c'est la grande ligne, l'horizon ondulé et largement ouvert, *le pays bleu*, comme l'appelle ma petite Aurore. Les arbres me paraissent énormes, le ciel me paraît incommensurable ; chargé de nuages noirs avec quelques courtes expansions de soleil rouge, il est tour à tour sombre et colère. J'aperçois au loin le toit brun de ma pauvre maison encore fermée à mes petites-filles, à moi par conséquent : enterrée dans les arbres, elle a l'air de se cacher pour ne pas nous attirer trop vite ; la variole règne autour et nous barre encore le chemin.

Qui sait si nous y rentrerons jamais ? L'ennemi n'est pas bien loin, et nous pouvons le voir arriver avant que la contagion nous permette de dormir chez nous une dernière nuit. Les paysans ont l'air de ne pas mettre au rang des choses possibles que le Berry soit envahi, sous prétexte qu'en 1815 il ne l'a pas été. Moi, je m'essaye à l'idée d'une vie errante. Si nous sommes ruinés et dévastés, je me demande en quel coin nous irons vivre et avec quoi? Je ne sais pas du tout, mais la facilité avec laquelle on s'abandonne personnellement aux événements qui menacent tout le monde est une grâce de circonstance. On dit le pour et le contre sur la guerre actuelle. Tantôt l'ennemi est féroce, tantôt il est fort doux : on n'en parle qu'avec excès en bien ou en mal, c'est l'inconnu. Si j'étais seule, je ne songerais pas seulement à bouger : on tient si peu à la vie dans de tels désastres! mais dans le doute j'emporterai mes enfants ou je les ferai partir.

De retour à La Châtre, je revois d'anciens amis qui, de tous les côtés menacés, sont venus se réfugier dans leurs familles. J'apprends avec douleur que Laure *** est malade sans espoir, qu'on ne peut pas la voir, qu'elle est là et que je ne la reverrai probablement plus! Autre douleur : il faut voir partir notre jeune monde, comme nous l'appelions, mes trois petits-neveux et les fils de deux ou trois amis intimes : c'était la gaieté de la maison, le bruit, la discussion, la tendresse. Et moi qui leur disais les plus belles choses du monde pour leur donner de la résolution, je ne me sens plus le moindre courage. N'importe, il faudra en montrer.

Mardi 11 octobre.

Voici une grande nouvelle : deux ballons nommés *Armand Barbès* et *G. Sand* sont sortis de Paris; l'un (mon nom ne lui a pas porté grand bonheur) a eu des avaries, une arrivée difficile, et a pourtant sauvé les Américains qui le montaient; *Barbès* a été plus heureux, et, malgré les balles prussiennes, a glorieusement touché terre, amenant au secours du gouvernement de Tours un des membres du gouvernement de Paris, M. Gambetta, un remarquable orateur, un homme d'action, de volonté, de persévérance, nous dit-on. Je n'en sais pas davantage, mais cette fuite en ballon, à travers l'ennemi, est héroïque et neuve; l'histoire entre dans des incidents imprévus et fantastiques.

G.

Des personnes qui connaissent Gambetta nous disent qu'il va tout sauver. Que Dieu les entende ! Je veux bien qu'il en soit capable et que son nom soit béni ; mais n'est-ce pas une tâche au-dessus des forces d'un seul homme? Et puis ce jeune homme connaît-il la guerre, qui est, dit-on, une science perdue chez nous?

Mercredi 12 octobre.

On n'a pas le cœur à se réjouir ici aujourd'hui ; c'est la révision, c'est-à-dire la levée sans révision des gardes mobilisées : elle se fait d'une manière indigne et stupide ; on prend tout, on ne fait pas déshabiller les hommes ; on ne leur regarde pas même le visage. Des examinateurs crétins et qui veulent faire du zèle déclarent bons pour le service des avortons, des infirmes, des borgnes, des phthisiques, des myopes au dernier degré, des dartreux, des fous, des idiots, et l'on veut que nous ayons confiance en une pareille armée! Un bon tiers va remplir les hôpitaux ou tomber sur les chemins à la première étape. Les rues de là ville sont encombrées de parents qui pleurent et de conscrits ivres-morts. On va leur donner les fusils de la garde nationale sédentaire, qui était bien composée, exercée et résolue; le découragement s'y met. Les optimistes, ils ne sont pas nombreux, disent qu'il le faut. S'il le faut, soit; mais il y a manière de faire les choses, et, quand on les fait mal, il ne faut pas se plaindre d'être mal secondé, On se tire de tout en disant :

— Le peuple est lâche et *réactionnaire.*

Mon cœur le défend; il est ignorant et malheureux; si vous ne savez rien faire pour l'initier à des vertus nouvelles, vous les lui rendrez odieuses.

Les nouvelles du dehors sont sinistres. Orléans serait au pouvoir des Prussiens; les gardes mobiles se seraient bien battus, mais ils seraient écrasés; on accuse Orléans de s'être rendu d'avance. Il faudrait savoir si la ville pouvait se défendre; on dit qu'elle ne l'a pas voulu, on

entre dans des détails révoltants. Les habitants,
qui d'abord avaient refusé de recevoir nos pauvres enfants, auraient cette fois fermé leurs
portes aux blessés. Le premier fait paraît certain,
le second est à vérifier. Nos jeunes troupes civiles
sont redoutées autant que l'ennemi : elles sont
indisciplinées, mal commandées ou pas commandées du tout ; je crois qu'on leur demande l'impossible. Si toutes les administrations sont dans
l'anarchie comme celle des intendances auxquelles nos levées et nos soldats ont affaire, ce
n'est pas une guerre, c'est une débandade.

13, jeudi.

L'affaire Bourbaki reste mystérieuse. On dit
que tout trahit, même Bazaine, ce grand espoir,
ce rempart dont l'écroulement serait notre ruine.
Trahir ! l'honneur français serait aux prises dans
les faibles têtes avec l'honneur militaire ! Celui-ci
serait la fidélité au maître qui commandait hier ;
l'autre ne compterait pas ! Le drapeau représen-

terait une charge personnelle, restreinte à l'obéissance personnelle! La patrie n'aurait pas de
droits sur l'âme du soldat!

L'anarchie est là comme dans tout, l'anarchie
morale à côté de l'anarchie matérielle. Le véritable honneur militaire ne semble pas avoir
jamais été défini dans l'histoire de notre siècle.
C'est par le résultat que nous jugeons la conduite
des généraux, et chaque juge en décide à son
point de vue. En haine de la république, Moreau
passe à l'ennemi; mais il se persuade que c'était
son devoir, et il le persuade aux royalistes. Il
croyait sauver la bonne cause, le pays par conséquent! Il y a donc deux consciences pour le militaire? Moreau a eu son parti, qui l'admirait
comme le type de la fidélité et de la probité.
Napoléon a été trahi ou abandonné par ses généraux. Ils ont tous dit pour se justifier :

— Je servais mon pays, je le sers encore, je
n'appartiens qu'à lui.

Bien peu d'officiers supérieurs ont brisé leur
épée à cette époque en disant :

— Je servais cet homme, je ne servirai plus le pays qui l'abandonne.

La postérité les admire et condamne les autres.

A qui donc appartient le militaire? au pays ou au souverain du moment? Il serait assez urgent de régler ce point, car il peut arriver à chaque instant que le devoir du soldat soit de résister à l'ordre de la patrie, ou de manquer à la loi d'obéissance militaire par amour du pays. Rien n'engage en ce moment le soldat envers la république; il ne l'a pas légalement acceptée. Avez-vous la parole des généraux? Je ne sache pas qu'on ait celle de Bazaine, et le gouvernement ignore probablement s'il se propose de continuer la guerre pour délivrer la France ou pour y ramener l'empire au moyen d'un pacte avec la Prusse.

Un général n'est pas obligé, dit-on, d'être un casuiste. Il semble que le meilleur de tous serait celui qui ne se permettrait aucune opinion, qui ne subirait aucune influence, et qui, faisant de sa parole l'unique loi de sa conscience, ne céde-

rait devant aucune éventualité. Si Bazaine se
croit lié à son empereur et non à son pays, il
prétendra qu'il peut tourner son épée contre un
pays qui repousse son empereur. Je ne vois pas
qu'on puisse compter sur lui, puisqu'on n'a pu
s'assurer de lui, puisqu'il est maître absolu dans
une place assiégée où il peut faire la paix ou
la guerre sans savoir si la république existe, si
elle représente la volonté de la France. S'il a
l'âme d'un héros, il se laissera emporter par le
souvenir de nos anciennes gloires, par l'amour
du pays, par la fierté patriotique; sinon, un de
ces matins, il se rendra en disant comme son
maître à Sedan :

— Je suis las.

Ou il fera une brillante sortie au cri de « mort
à la république! » Et s'il avait la chance de gagner quelque grande victoire sur l'Allemagne,
que ferait la république? Elle a cru l'avoir dans
ses intérêts, parce qu'elle a désiré lui voir pren=
dre le commandement, parce qu'elle a placé en
lui sa confiance. Il ne lui en a pas su gré, il la

trahit; mais je suppose qu'il délivre la France. Comment sortir de cette impasse? Nous battrions-nous contre ces soldats qui battraient l'étranger? y aurait-il un gouvernement pour les mettre hors la loi et les accuser de trahison?

Notre situation est réellement sans issue, à moins d'un miracle. Nous nous appuyons pour la défense du sol sur des forces encore considérables, mais qui combattent l'ennemi commun sous des drapeaux différents, et qui ne comptent pas du tout les abandonner après la guerre. Le gouvernement a fait appel à tous, il le devait; mais a-t-il espéré réussir sans armée à lui, avec des armées qui lui sont hostiles, et qui ne s'entendent point entre elles? Ceci ressemble à la fin d'un monde. Je voudrais pouvoir ne pas penser, ne pas voir, ne pas comprendre. Heureux ceux dont l'imagination surexcitée repousse l'évidence et se distrait avec des discussions de noms propres! Je remercierais Dieu de me délivrer de la réflexion; au moins je pourrais dormir. Ne pas dormir est le supplice du temps. Quand la fati-

gue l'emporte, on se raconte le matin les rêves
atroces ou insensés qu'on a faits.

14 octobre.

Les Prussiens ne sont pas entrés à Orléans ;
mais ils y entreront quand ils voudront, ils ont
fait la place nette. Le général La Motterouge est
battu et privé de son commandement pour avoir
manqué de résolution, disent les uns, pour avoir
manqué de munitions, disent les autres. Si on
déshonore tous ceux qui en seront là, ce n'est
pas fini !

15 octobre.

Pas de nouvelles. La poste ne s'occupe plus de
nous ; tout se désorganise. Je suis étonnée de la
tranquillité qui règne ici. La province consternée
se gouverne toute seule par habitude.

7

J'aurais voulu tenir un journal des événements; mais il faudrait savoir la vérité, et c'est souvent impossible. Les rares et courts journaux qui nous parviennent se font la guerre entre eux et se contredisent ouvertement :

— Les mobiles sont des braves.

— Non, les mobiles faiblissent partout.

— Mais non, c'est la troupe régulière qui lâche pied.

— Non, vous dis-je, c'est elle qui tient !

Le plus clair, c'est qu'une armée sans armes, sans pain, sans chaussures, sans vêtements et sans abri, ne peut pas résister à une armée pourvue de tout et bien commandée.

On agite beaucoup la question suivante, et on nous rapporte fidèlement, *de auditu,* l'opinion de M. Gambetta.

— L'armée régulière est détruite, démoralisée, perdue; elle ne nous sauvera pas C'est de l'*élément civil* que nous viendra la victoire, c'est le citoyen improvisé soldat qu'il faut appeler et encourager.

La question est fort douteuse, et, si d'avance elle est résolue, elle devient inquiétante au dernier degré. On peut improviser des soldats dans une localité menacée, et les mobiliser jusqu'à un certain point; mais leur faire jouer le rôle de la troupe exercée au métier et endurcie à la fatigue, c'est un rêve, l'expérience le prouve déjà. Les malades encombrent les ambulances. On parle d'organiser une Vendée dans toute la France. Organise-t-on le désordre? Ces résultats fructueux que suscitent parfois des combinaisons illogiques s'improvisent et ne se décrètent pas. M. Gambetta a pu jeter les yeux sur la carte du Bocage et sur la page historique dont il a été le théâtre; mais recommencer en grand ces choses et les opposer à la tactique prussienne, c'est un véritable enfantillage. On assure que M. Gambetta est un habile organisateur; qu'il réorganise donc l'armée au lieu de la dédaigner comme un instrument hors de service, alors que tout lui manque ou la trahit! Si l'on veut introduire des catégories, scinder l'élément civil et l'élément militaire, froisser les amours-propres, réveiller les passions politiques, je ne dis pas à la veille, mais au beau milieu des combats, j'ai bien peur que nous ne soyons perdus sans retour.

Quelqu'un, qui est renseigné, nous avoue que nos dictateurs de Tours sont infatués d'un optimisme effrayant. Je ne veux pas croire encore qu'il soit insensé... Quelquefois une grande obstination fait des miracles. Qui se refuse à espérer quand on sent en soi la volonté du sacrifice? Mais la volonté nous donnera-t-elle des canons? On avoue que nous en avons qui tirent un coup pendant que ceux de l'ennemi en tirent dix.

— En fait-on au moins?

— On dit qu'on en fait *beaucoup*. Nous savons, hélas! qu'on en fait fort peu.

— En fait-on de pareils à ceux des Prussiens?

— On ne peut pas en faire.

— Alors nous serons toujours battus?

— Non ! nous avons l'élément civil, une arme morale que les étrangers n'ont pas.

— Ils ont bien mieux, ils ont un seul élément, leur arme est à deux tranchants, militaire et civile en même temps.

— On le sait; mais le moral de la France!

Oh! soit! Croyons encore à sa virilité, à sa spontanéité, à ses grandes inspirations de solidarité; mais, si nous ne les voyons pas se produire, puisons notre courage dans un autre espoir que celui de la lutte. Après la résistance que l'honneur commande, aspirons à la paix et ne croyons pas que la France soit avilie et perdue parce qu'elle ne sait plus faire la guerre. Je vois la guerre en noir. Je ne suis pas un homme, et je ne m'habitue pas à voir couler le sang; mais il y a une heure où la femme a raison, c'est quand elle console le vaincu, et ici il y aura bien des raisons profondes et sérieuses pour se consoler.

Pour faire de l'homme une excellente machine de combat, il faut lui retirer une partie de ce qui le fait homme. « Quand Jupiter réduit l'homme à la servitude, il lui enlève une moitié de son âme. » L'état militaire est une servitude brutale qui depuis longtemps répugne à notre civilisation. Avec des ambitions ou des fantaisies de guerre, le dernier règne était si bien englué dans les douceurs de la vie, qu'il avait laissé pourrir l'armée. Il n'avait plus d'armée, et il ne s'en doutait pas. Le jour où, au milieu des généraux et des troupes de sa façon, Napoléon III vit son erreur, il fut pris de découragement, et ce ne fut pas le souverain, ce fut l'homme qui abdiqua.

Les douceurs de la vie comme ce règne les a goûtées, c'était l'œuvre d'une civilisation très-corrompue; mais la civilisation, qui est l'ouvrage des nations intelligentes, n'est pas responsable de l'abus qu'on fait d'elle. La moralité y puise tout ce dont elle a besoin ; la science, l'art, les grandes industries, l'élégance et le charme des bonnes mœurs ne peuvent se passer d'elle. Soyons donc fiers d'être le plus civilisé des peuples, et acceptons les conditions de notre développement. Jamais la guerre ne sera un instrument de vie, puisqu'elle est la science de la destruction; croire qu'on peut la supprimer n'est pas une utopie. Le rêve de l'alliance des peuples n'est pas si loin qu'on croit de se réaliser. Ce sera peut-être l'œuvre du xxᵉ siècle. On nous dit que le colosse du Nord nous menace. A jamais, non! Aujourd'hui il nous écrase la poitrine, mais il ne peut rien sur notre âme. On peut être lourd comme une montagne et peser fort peu dans la balance des destinées. En ce moment, l'Allemagne s'affirme comme pesanteur spécifique, comme force brutale, — tranchons le mot, comme barbarie. Sur quelque mode éclatant qu'elle chante ses victoires, elle n'élèvera que des arcs de triomphe qui marqueront sa décadence. Au front de ses monuments nouveaux, la postérité lira 1870, c'est-à-dire guerre à mort à la civilisation! O noble Allemagne, quelle tache pour toi que cette gloire! L'Allemand est désormais le plus beau soldat de

l'Europe, c'est-à-dire le plus effacé, le plus
abruti des citoyens du monde; il représente l'âge
de bronze; il tue la France, sa sœur et sa fille;
il l'égorge, il la détruit, et, ce qu'il y a de plus
honteux, il la vole! Chaque officier de cette belle
armée, orgueil du nouvel empire prussien, est
un industriel de grande route qui *emballe* des
pianos et des pendules à l'adresse de sa famille
attendrie!

Ce sont des représailles, disent-ils, c'est ainsi
que nous avons agi chez eux; nous y avons mis
moins d'ordre, de prévoyance et de cynisme,
voilà tout. — C'est déjà quelque chose, mais nous
n'en avons pas moins à rougir d'avoir été
hommes de guerre à ce point-là. Si quelque
chose peut nous réhabiliter, c'est de ne plus
l'être, c'est de ne plus savoir obéir à la fantaisie
belliqueuse de nos princes. Nous avons encore
l'élan du courage, la folie des armes, la tradition
des charges à la baïonnette. Nous savons encore
faire beaucoup de mal quand on nous touche;
nous pourrions dire aux Allemands :

« —Supprimons les canons, prenez-nous corps
à corps, et vous verrez ! Mais vous ne vous y ris-
quez plus, vous reculez devant l'arme des braves,
vous avez vos machines, et nous ne les avons
pas ; nous faisons la guerre selon l'inspiration du
point d'honneur, nous ne sommes pas capables
de nous y préparer pendant vingt ans ; nous
sommes si incapables de haïr ! On nous surprend
comme des enfants sans rancune qui dorment la
nuit parce qu'ils ont besoin d'oublier la colère
du combat. Nous tombons dans tous les piéges ;
notre insouciance, notre manque de prévision,
nos désastres, vous ne les comprenez pas ! Vous
les comprendrez plus tard, quand vous aurez
effacé la tache de vos victoires par le remords de
les avoir remportées. Vous pénétrerez un jour
l'énigme de notre destinée, quand vous passerez
à votre tour par le martyre qu'il faut subir pour
devenir des hommes. Nous ne le sommes pas
encore, nous qui, depuis un siècle, souffrons
tous les maux des révolutions ; mais voici que,
grâce à vous, nous allons le devenir plus vite,

7.

et vous rougirez alors d'avoir porté la main sur
la grande victime ! Encore un siècle, et vous
serez honteux d'avoir servi de marchepied à
l'ambition personnelle. Vous direz de vous-
mêmes ce que nous disons de notre passé :

« — La folie du génie militaire nous a dé-
chaînés sur l'Europe, et nous avons été asservis.
Nous avons, de nos propres mains, creusé les
abîmes, et nous y sommes tombés.

Mais nous nous relèverons avant toi, fière
Allemagne ! Dût cette guerre, pour laquelle évidemment nous ne sommes pas prêts, aboutir à
un désastre matériel immense, nos cœurs s'y
retremperont, et plus que jamais nous aurons
soif de dignité, de lumière et de justice. Elle
nous laissera sans doute irrités et troublés ; les
questions politiques et sociales s'agiteront peut-
être tumultueusement encore. C'est précisément
en cela que nous vous serons supérieurs, sujets
obéissants, militaires accomplis ! et que cette
âme française éprise d'idéal, luttant pour lui
jusque sous l'écrasement du fait, offrira au

monde un spectacle que vous ne sauriez comprendre aujourd'hui, mais que vous admirerez
quand vous serez dignes d'en donner un semblable.

Allez, bons serviteurs des princes, admirables
espions, pillards émérites, modèles de toutes
les vertus militaires, levez la tête et menacez
l'avenir! Vous voilà ivres de nos malheurs et de
notre vin, gras de nos vivres, riches de nos dé-
pouilles! Quelles ovations vous attendent chez
vous quand vous y rentrerez tachés de sang,
souillés de rapts! Quelle belle campagne vous
aurez faite contre un peuple en révolution, que
de longue date vous saviez hors d'état de se
défendre! L'Europe, qui vous craignait, va commencer à vous haïr! Quel bonheur ce sera pour
vous d'inspirer partout la méfiance et de devenir
l'ennemi commun contre lequel elle se ligue
peut-être déjà en silence!

Mais quel réveil vous attend, si vous pour-
suivez l'idéal stupide et grossier du caporalisme,
disons mieux, du *krupisme!* Pauvre Allemagne

des savants, des philosophes et des artistes,
Allemagne de Goëthe et de Beethoven! Quelle
chute, quelle honte! Tu entres aujourd'hui dans
l'inexorable décadence, jusqu'à ce que tu te re-
nouvelles dans l'expiation qui s'appelle 89!

Lundi 17 octobre.

Le froid se déclare, et nous entrons en campagne. Pourvu qu'après la chaleur exception
nelle de l'été nous n'ayons pas un hiver atroce!
Ils auront aussi froid que nous, disent les optimistes; c'est une erreur : ils sont physiquement
plus forts que nous, ils n'ont pas nos douces
habitudes, notre bien-être ne leur est pas nécessaire. L'Allemand du nord est bien plus près
que nous de la vie sauvage. Il n'est pas nerveux,
il n'a que des muscles; il a l'éducation militaire,
qui nous a trop manqué. Il pense moins, il souf-
frira moins.

Ils approchent, on dit qu'ils sont à La Motte-
Beuvron. On a peur ici, et c'est bien permis, on

a emmené tout ce qui pouvait se battre ou servir à se battre. Les vieillards, les enfants et les femmes resteront comme la part du feu ! Et puis elle est toute française, cette terreur qui suit l'imprévoyance ; elle n'est même pas bien profonde. Nous ne pouvons pas croire qu'on haïsse et qu'on fasse le mal pour le mal. Moi-même j'ai besoin de faire un effort de raison pour m'effrayer de l'approche de ces hommes que je ne hais point. J'ai besoin de me rappeler que la guerre enivre, et qu'un soldat en campagne n'est pas un être jouissant de ses facultés habituelles.

On dit qu'ils ne sont pas tous méchants ou cupides, que les vrais Allemands ne le sont même pas du tout et demandent qu'on ne les confonde pas avec les Prussiens, *tous voleurs !* Vous réclamez en vain, bonnes gens ; vous oubliez qu'il n'y a plus d'Allemagne, que vous êtes Prussiens, solidaires de toutes leurs exactions, puisque vous allez en profiter, et que dans cette guerre vous êtes pour nous non pas des Badois, des Bavarois, des Wurtembergeois, mais à tout

jamais, dans la réprobation du présent et la légende de l'avenir, des Prussiens, bien et dûment
sujets du roi de Prusse ! Vous ne reprendrez
plus votre nom ; allez ! c'en est fait de votre na-
tionalité comme de votre honneur. Le châtiment
commence !

Je n'ai pas de vêtements d'hiver, ils sont à
Paris, dont les Prussiens ont maintenant la clef.
Je me commande ici une robe qui fera peut-être
son temps sur les épaules d'une Allemande, car
ils volent aussi des vêtements et des chaussures
pour leurs femmes, ces parfaits militaires !

Mardi 18 octobre.

Passage de troupes qui vont d'un dépôt à l'autre. Depuis les pauvres troupes espagnoles que
j'ai rencontrées en 1839 dans les montagnes de
Catalogne, je n'avais pas vu des soldats dans un tel
état de misère et de dénûment. Leurs chevaux
sont écorchés vifs de la tête à la queue. Les
hommes sont à moitié nus, on dit qu'ils ont

presque tous déserté avant Sedan. Ils sont tous
grands et forts, et ne paraissent point lâches.
On les aura laissés manquer de pain et de munitions. Le désordre était tel qu'on ne sait plus si
on a le droit de mépriser les fuyards. Malheureusement ce désordre continue.

Mercredi 19.

Depuis deux jours, nous sommes sans nouvelles de notre armée de la Loire. Est-elle anéantie? Nous ne sommes pas bien sûrs qu'elle ait
existé!

Jeudi 20.

Eugénie a affaire au Coudray. J'y vais avec
elle ; c'est une promenade pour mes petites-
filles. Il fait un bon soleil. La campagne reverdit
au moment où elle se dépouille: il y a des touffes
de végétation invraisemblable au milieu des
massifs dénudés. A Chavy, nous descendons de

voiture pour ramasser de petits champignons roses sur la pelouse naturelle, cette pelouse des lisières champêtres qu'aucun jardinier ne réalisera jamais ; il y faut la petite dent des moutons, le petit pied des pastours et le grand air libre. L'herbe n'y est jamais ni longue ni flétrie. Elle adhère au sol comme un tapis éternellement vert et velouté. Nous faisons là et plus haut, dans les prés du Coudray, une abondante récolte. Aurore est ivre de joie. Je n'ai pas fermé l'œil la nuit dernière ; pendant qu'on remet les chevaux à la voiture, je dors dix minutes sur un fauteuil. Il paraît que c'est assez, je suis complétement reposée. Au retour, pluie et soleil, à l'horizon monte une gigantesque forteresse crénelée, les nuages qui la forment ont la couleur et l'épaisseur du plomb, les brèches s'allument d'un rayonnement insoutenable. — Un bout de journal, ce soir ; récit d'un drame affreux. A Palaiseau, le docteur Morère aurait tué quatre Prussiens à coups de révolver et aurait été pendu ! Je ne dormirai pas encore cette nuit.

Vendredi 22 octobre.

Trois lettres de Paris par ballon ! Enfin, chers
amis, soyez bénis ! Ils vivent, ils n'y a pas de
malheur particulier sur eux. Ils sont résolus et
confiants, ils ne souffrent de rien matériellement ;
mais ils souffrent le martyre de n'avoir pas de
nouvelles de leurs absents. L'un nous demande
où est sa femme, l'autre où est sa fille ; chacun
croyait avoir mis en sûreté les objets de sa tendresse, et l'ennemi a tout envahi ; comment se
retrouver, comment correspondre? Nous écri-
rons partout, nous essayerons tous les moyens.
Quelle dispersion effrayante ! que de vides nous
trouverons dans nos affections ! — Encore une
fois, qu'ils soient bénis de nous donner quelque
chose à faire pour eux !

On dit que l'ennemi s'éloigne de nous pour le
moment ; il lui plaît de nous laisser tranquilles,
car les chemins sont libres, il n'y a pas ou il
n'y a plus d'armée entre lui et nous ; on vit au

jour le jour. Le danger ne cause pas d'abatte
ment, on serait honteux d'être en sûreté quand
les autres sont dans le péril et le malheur. Mon
pauvre Morère! sa belle figure pâle me suit partout; la nuit, je vois ses yeux clairs fixés sur
moi. C'était un ami excellent, un habile médecin, un homme de résolution, d'activité, de courage ; agile, infatigable, il était plus jeune avec
ses cheveux blancs que ne le sont les jeunes
d'aujourd'hui. Je le vois et je l'entends encore
à un dîner d'amis à Palaiseau, où nous admi-
rions la netteté de son jugement, l'énergie de
ses traits et de sa parole. Le soir, on se recon-
duisait par les ruelles désertes de ce joli village,
et chacun rentrait dans sa petite maison, d'où
l'on entendait les pas de l'ami qui vous quittait
résonner sur le gravier du chemin. Dans le beau
silence du soir, on résumait tranquillement les
idées qu'on avait échangées avec animation. On
pensait quelquefois aux Allemands; on parlait
de leurs travaux, on s'intéressait à leur mouvement intéllectuel. Que l'on était loin de voir

en eux des ennemis! Comme la porte eût été
ouverte avec joie à un botaniste errant dans la
campagne! Comme on lui eût indiqué avec
plaisir les gîtes connus des plantes intéressantes! Certes on n'eût pas songé que ce pouvait
être un espion, venant étudier les plis du terrain
pour y placer des batteries ou pour prendre les
habitants par surprise! et pourtant la carte des
moindres localités était peut-être déjà dressée,
car ils ont étudié la France comme une proie
que l'on dissèque, et ils connaissaient peut-
être aussi bien que moi le sentier perdu dans
les bois où je me flattais de surprendre l'éclosion
d'une primevère connue de moi seule. — Je me
souviens d'avoir eu de saintes colères en trouvant bouleversés par des enfants certains recoins
que j'espérais conserver vierges de dégâts. Je
m'indignais contre l'esprit de dévastation de
l'enfance. Pauvres enfants, quelle calomnie! —
Et à présent ce charmant pays est sans doute
ravagé de fond en comble, puisque Morère...
Mon fils me trouve navrée et me dit qu'il ne

faut rien croire de ce qui s'imprime à l'heure
qu'il est; il a peut-être raison!

Samedi 22 octobre.

Promenade aux Couperies et au gué de Roche
avec ma belle-fille et nos deux petites; elles
font plus d'une lieue à pied. Le temps est délicieux. Ce ravin est fin et mignon. La rivière s'y
encaisse le long d'une coupure à pic, les arbres
de la rive apportent leurs têtes au rez du sentier que nous suivons. On tient la main des petites, qui voudraient bien, que nous devrions
bien laisser marcher seules. Dans mon enfance,
on nous disait :

— Marche.

Et nous risquions de rouler en bas. Nous ne
roulions pas et nous n'avons pas connu le vertige; mais je n'ai pas le même courage pour ces
chers êtres qui ont pris une si grande place dans
notre vie. On aime à présent les enfants comme
on ne les aimait pas autrefois. On s'en occupe

sans cesse, on les met dans tout avec soi à toute heure, on n'a d'autre souci que de les rendre heureux. C'est sans doute encore une supériorité des Prussiens sur nous d'être durs à leurs petits comme à eux-mêmes. Les loups sont plus durs encore, supérieurs par conséquent aux races militaires et conquérantes. J'avoue pourtant qu'à certains égards nous avons pris en France la puérilité pour la tendresse, et que nous tendions trop à nous efféminer. Notre sensibilité morale a trop réagi sur le physique. Messieurs les Prussiens vont nous corriger pour quelque temps d'avoir été heureux, doux, aimables. Nous organiserons des armées citoyennes, nous apprendrons l'exercice à nos petits garçons, nous trouverons bon que nos jeunes gens soient tous soldats au besoin, qu'ils sachent faire des étapes et coucher sur la dure, obéir et commander. Ils y gagneront, pourvu qu'ils ne tombent pas dans le caporalisme, qui serait mortel à la nature particulière de leur intelligence, et qui va faire des vides profonds dans les

intelligences prusso-allemandes. Pourtant ces
choses-là ne s'improvisent pas dans la situation
désespérée où nous sommes, et c'est avec un
profond déchirement de cœur que je vois partir
notre jeune monde, si frêle et si dorloté.

Ils partent, nos pauvres enfants! ils veulent
partir, ils ont raison. Ils avaient horreur de l'état
militaire, ils songeaient à de tout autres pro-
fessions; mais ils valent tout autant par le cœur
que ceux de 92, et à mesure que le danger approche, ils s'exaltent. Ceux qui étaient exemptés
par leur profession la quittent et refusent de
profiter de leur droit; ceux que l'âge dispense
ou que le devoir immédiat retient parlent aussi
de se battre et attendent leur tour, les uns avec
impatience, les autres avec résignation. Il en est
très-peu qui reculeraient, il n'y en a peut-être
pas. Tout cela ne ravive pas l'espérance; on sent
que l'on manque d'armes et de direction. On
sent aussi que l'élément sédentaire, celui qui
produit et ménage pour l'élément *militant*, est
abandonné au hasard des circonstances. Il fau-

drait que la France non envahie fût encouragée
et protégée pour être à même de secourir la
France envahie. On vote des impôts considérables, c'est très-juste, très-nécessaire ; mais on
laisse tant d'intérêts en souffrance, on enlève
tant de bras au travail, qu'après une année de
récolte désastreuse et la suspension absolue des
affaires, on ne sait pas avec quoi on payera.

Le gouvernement de la défense semble condamné à tourner dans un cercle vicieux. Il espère improviser une armée ; il frappe du pied,
des légions sortent de terre. Il prend tout sans
choisir, il accepte sans prudence tous les dévouements, il exige sans humanité tous les ser-
vices. Il a beaucoup trop d'hommes pour avoir
assez de soldats. Il dégarnit les ateliers, il laisse
la charrue oisive. Il établit l'impossibilité des
communications. Il semble qu'il ait des plans
gigantesques, à voir les mouvements de troupes
et de matériel qu'il opère ; mais le désordre est
effroyable, et il ne paraît pas s'en douter. Les
ordres qu'il donne ne peuvent pas être exécutés.

Le producteur est sacrifié au fournisseur, qui ne fournit rien à temps, quand il fournit quelque chose. Rien n'est préparé nulle part pour répondre aux besoins que l'on crée. Partout les troupes arrivent à l'improviste ; partout elles attendent, dans des situations critiques, les moyens de transport et la nourriture. Après une étape de dix longues lieues, elles restent souvent pendant dix heures sous la pluie avant que le pain leur soit distribué ; elles arrivent harassées pour occuper des camps qui n'existent pas, ou des gîtes déjà encombrés. Nulle part les ordres ne sont transmis en temps opportun. L'administration des chemins de fer est surmenée ; en certains endroits, on met dix heures pour faire dix lieues ; le matériel manque, le personnel est insuffisant, les accidents sont de tous les jours. Les autres moyens de transport deviennent de plus en plus rares ; on ne peut plus échanger les denrées. Tous les sacrifices sont demandés à la fois, sans qu'on semble se douter que les uns paralysent les autres. On s'agite démesurément, on n'avance pas, ou les résultats obtenus sont reconnus tout à coup désastreux. L'action du gouvernement ressemble à l'ordre qui serait donné à tout un peuple de passer à la fois sur le même pont. La foule s'entasse, s'étouffe, s'écrase, en attendant que le pont s'effondre.

A qui la faute? Cette déroute générale pourrait-elle être conjurée? le sera-t-elle? Ne faudrait-il, pour opérer ce miracle, que l'apparition d'un génie de premier ordre? Ce génie présidera-t-il à notre salut? va-t-il se manifester par des victoires? Aurons-nous la joie d'avoir souffert pour la délivrance de la patrie? Nos soldats d'hier seront-ils demain des régiments d'élite? S'il en est ainsi, personne ne se plaindra ; mais si rien n'est utilisé, si l'état présent se prolonge, nous marchons à une catastrophe inévitable, et notre pauvre Paris sera forcé de se rendre.

Dimanche 23 octobre.

Il pleut à verse. Les nouvelles sont insignifiantes. Quand chaque jour n'apporte pas l'annonce d'un nouveau désastre, on essaye d'espérer. Les enfants qui partent volontairement sont gais. Les ouvriers chantent et font le dimanche au cabaret, comme si de rien n'était.

Je tousse affreusement la nuit ; c'est du luxe, je n'avais pas besoin de cette toux pour ne pas dormir. Toute la ville se couche à dix heures. Je prolonge la veillée avec mon ami Charles ; nous causons jusqu'à minuit. Depuis plusieurs années qu'il est aveugle, il a beaucoup acquis ; il voit plus clair avec son cerveau qu'il n'a jamais vu avec ses yeux. Cette lumière intérieure tourne aisément à l'exaltation. Sur certains points, il est optimiste ; je le suis devenue aussi en vieillissant, mais autrement que lui. Je vois toujours plus radieux l'horizon au delà de ma vie ; je ne crois pas, comme lui, que nous touchions à des événements heureux ; je sens venir une crise effroyable que rien ne peut détourner, la crise sociale après la crise politique, et je rassemble toutes les forces de mon âme pour me rattacher aux principes, en dépit des faits qui vont les combattre et les obscurcir dans la plupart des appréciations. Nous nous querellons un peu, mon vieux ami et moi; mais la discussion ne peut aller loin quand on désire les mêmes résultats. Nous réussissons à nous distraire en nous reportant aux souvenirs des choses passées. On ne peut toucher au présent sans se sentir relié par mille racines plus ou moins apparentes au temps que l'on a traversé ensemble. Nous nous connaissons, lui et moi, depuis la première enfance; nous nous sommes toujours connus, nos familles, aujourd'hui disparues, étant étroitement liées. Nous avons apprécié différemment bien des personnes et des choses; à présent ces différences sont très-effacées, nous parlons de tout et de tous avec le désintéressement de l'expérience, qui est l'indulgence suprême.

Lundi 24.

Les Prussiens ne viennent pas de notre côté.

Ils vont tuer et brûler ailleurs, on appelle cela
de bonnes nouvelles! Châteaudun est leur proie
d'aujourd'hui, et il paraît que nous ne pouvons
rien empêcher.

Mardi 25 octobre.

La pauvre Laure vient de s'éteindre sans souffrir, après une mort anticipée qui dure depuis
deux mois. C'est une autre manière d'être victime de l'invasion. Gravement atteinte, elle a dû
fuir avec sa famille, faire un voyage impossible
avec une courte avance sur les Prussiens, arriver ici brisée, mourante, tomber sur un lit sans
savoir qu'elle était de retour dans son pays, y
languir plusieurs semaines sans se rendre compte
des événements qu'il n'était pas difficile de lui
cacher, s'endormir enfin sans partager nos angoisses, qui dès le début l'avaient mortellement
frappée au cœur. Elle avait le patriotisme ardent
des âmes généreuses; le rapide progrès de nos
malheurs n'était pas nécessaire pour la tuer.

Nous recevons de bonnes lettres de Paris ; ils sont là-bas pleins d'espoir et de courage. Les plus paisibles sont belliqueux ; qu'on nous pousse donc en avant, vite à leurs secours ! Il semble aujourd'hui que la lutte s'engage, et on parle de quelques avantages remportés. On loue l'*entrain* (*sic*) de nos mobiles. Le gouvernement a l'air de compter sur la victoire. Il nous la promet. .

Mercredi 26.

Très-mauvaises nouvelles ! Ils brûlent, ils font le ravage, ils s'étendent ; nous sommes partout inférieurs en nombre devant eux, et nous sommes *engorgés* de troupes qui sont partout où l'on ne se bat pas ! L'artillerie nous foudroie ; nous faisons trois pas, nous reculons de douze. — Aujourd'hui nous avons conduit notre pauvre Laure au cimetière. Les nuages rampent sur la terre incolore et détrempée. Atroce journée, chagrin affreux ! je n'essaye même pas d'avoir du courage.

C.

Jeudi 27.

Il pleut à verse, on fait des vœux pour que la Loire déborde, pour que l'ennemi souffre et que ses canons s'embourbent; mais nos pauvres soldats en souffriront-ils moins, et nos canons en marcheront-ils mieux? Que c'est stupide, la guerre!

28.

Propos sans utilité, discussions et commentaires sans issue, tour de Babel! L'ennemi est à Gien; il ne pense ni ne cause, lui : il avance.

29, 30, 31 octobre.

Rien qui ranime l'espoir; trop de décrets, de circulaires, de phrases stimulantes, froides comme la mort.

1er novembre.

De pire en pire! On nous annonce la reddition de Metz ; le gouvernement nous la présente sans détour comme une trahison infâme ; c'est aller un peu vite. Attendons les détails, si on nous en donne. Quelqu'un qui a vu de près le maréchal Bazaine en Afrique nous le définit ainsi :

— Dans le bien et dans le mal, *capable de tout*

D'autres personnes assurent qu'au Mexique il n'avait d'autre pensée que celle de se faire proclamer empereur ! Il est par terre, on l'écrase ; hier c'était un héros, le sauveur de la France. Ce sera un grand procès historique à juger plus tard. Ce qui est incompréhensible en ce moment, c'est la brusque transition opérée dans le langage de ceux qui renseignent et veulent diriger l'opinion publique, et qui d'une heure à l'autre la font passer d'une confiance sans bornes à un mépris sans appel. Il y a quelques jours, des doutes s'étaient répandus ; il nous fut enjoint de les repousser comme des manœuvres des ennemis de la république et du pays. Ce matin, le gouvernement en personne voue le traître à l'exécration de l'univers. Cela

nous bouleverse et me paraît bien étrange, à
moi. Comment le ministre de la guerre n'a-t-il
rien su des dispositions de Bazaine à l'égard de
la république? S'il les savait douteuses, pourquoi a-t-il affiché la confiance? Je ne veux pas
encore le dire tout haut, il ne faut pas se fier à
son propre découragement, mais malgré moi je
me dis tout bas :

— *Qui trompe-t-on ici?*

Il n'était pas impossible d'avoir des nouvelles
de Metz. J'ai reçu dernièrement un petit feuillet
de papier à cigarettes qui me rassurait sur le
sort du respectable savant M. Terquem, et qui
était bien écrit de sa main :

« Nous ne manquons de rien, nous allons très-
bien, quoique sans clocher depuis quinze jours. »

La famine ne se fait pas tout d'un coup dans
une place assiégée. On a pu la voir venir, on a
dû la prévoir. Hier on la niait, et, au moment où
Bazaine la déclare, on la nie encore. J'ai une terreur affreuse qu'il ne se passe à Paris quelque
chose d'analogue, si Paris est forcé de capituler.

Si la disette se fait, on la cachera le plus longtemps possible pour ne pas alarmer la population ou dans la crainte d'être accusé de lassi
tude, et tout à coup il faudra bien avouer. Peut-
être alors la population sera-t-elle exaspérée
jusqu'à la haine ! La colère est injuste. On ira
trop loin, comme on va peut-être trop loin pour
Bazaine. J'ai peur que le système du gouvernement de Paris ne soit de cacher à la province
ses défaillances, et que celui du gouvernement
de la province ne soit de communiquer à Paris
ses illusions. Dans tous les cas, ce qui se passe à
Metz s'explique par les mouvements logiques du
cœur humain. Dans le danger commun, personne ne veut faiblir ; on s'excite, on s'exalte,
on ne veut pas croire qu'il soit possible de succomber. La prévoyance semble un crime. Il y a
ivresse, le fait brutal arrive, et le premier qui
le constate est lapidé. Personne ne veut s'en
prendre à la destinée, personne ne veut avoir
été vaincu. Il faut trouver des lâches, des traîtres, des agents visibles de la fatalité. La justice

se fait plus tard ; elle sera bien sévère, si cet homme ne peut se disculper !

Nous allons nous promener à Vâvres pour faire marcher nos enfants. Je cueille un bouquet rustique dans les buissons du jardin de mon pauvre Malgache. Je ne vais jamais là sans le voir et l'entendre. Il n'y a pas une heure dans sa vie où il ait seulement pressenti les désastres que nous contemplons aujourd'hui. Heureux ceux qui n'ont pas vécu jusqu'à nos jours !

Mercredi 2 novembre.

Bonnes lettres de mes amis de Paris. Ma petite-fille Gabrielle sait dire *par ballon monté*, et elle m'éveille en me remettant ces chers petits papiers, qui me font vivre toute la journée.

Nous allons au Coudray. Je regarde Nohant avec avidité. L'épidémie se ralentit ; dans quelques jours, j'irai seule essayer l'atmosphère. Je prends quelques livres dans la bibliothèque du Coudray. Est-ce que je pourrai lire ? Je ne crois

pas. Il fait très-froid ; nous n'avons pas d'automne. Comme nos soldats vont souffrir !

Jeudi 3.

On ne parle que de Bazaine. On l'accuse, on
le défend. Je ne crois pas à un marché, ce serait
hideux. Non, je ne peux pas croire cela ; mais,
d'après ce que l'on raconte, je crois voir qu'il a
espéré s'emparer des destinées de la France, y
tenir le premier rôle, qu'à cet effet il a voulu négocier, et qu'il a gratuitement perdu une partie
mal jouée. Pourtant que sait-on des motifs de
son découragement ? Quelles étaient ses ressources ? Le gouvernement est-il éclairé à fond ?
Il passe outre, sans insister sur ses accusations,
sans les rétracter. M. Gambetta a une manière
vague et violente de dire les choses qui ne porte
pas la persuasion dans les esprits équitables.
J'ai lu de très-beaux et bons discours de l'orateur ; le publiciste est déplorable. Il est verbeux
et obscur, son enthousiasme a l'expression vul-

gaire, c'est la rengaine emphatique dans toute sa platitude. Un homme investi d'une mission sublime et désespérée devrait être si original, si net, si ému! On dirait qu'en voulant se faire populaire il ait perdu toute individualité. Cette déconvenue, qui m'atteint depuis quelques jours en lisant ses circulaires, si ardemment attendues et si servilement admirées, ajoute un poids énorme à ma tristesse et à mon inquiétude. N'avoir pas de talent, pas de feu, pas d'inspiration en de telles circonstances, c'est être bien audessous de son rôle! Est-il organisateur, comme on le dit? Qu'il agisse et qu'il se taise. Et si, pour mettre le comble à nos infortunes, il était incapable et de nous organiser et de nous éclairer! Avec la reddition de Metz, nous voilà sans armée; avec un dictateur sans génie, nous voilà sans gouvernement!

4 novembre.

Dans beaucoup de lettres que je reçois, de paroles que j'entends, de journaux que je lis, c'est l'exaltation qui domine : mauvais symptôme à mes yeux ; l'exaltation est un état exceptionnel qui doit subir la réaction d'un immense découragement. On invoque les souvenirs de 92 ; on les invoque trop, et c'est à tort et à travers qu'on s'y reporte. La situation est aujourd'hui l'opposé complet de ce qu'elle était alors. Le peuple voulait la guerre et la république ; aujourd'hui il ne veut ni l'une ni l'autre. Villes et campagnes marchaient ensemble ; aujourd'hui la campagne fait sa protestation à part, et le peuple plus ardent des villes ne l'influence dans aucun sens. Si nous sommes déjà loin, sous ce rapport, de 1848, combien plus nous le sommes de 92 !

Ceux qui croient que l'élan de cette grande époque peut se produire aujourd'hui par les mêmes moyens sont dans une erreur profonde.

Les conditions sont trop dissemblables. On ne peut pas ne point tenir compte du fatal progrès matériel qui s'est accompli dans l'industrie du

9

meurtre, des armes de destruction et de la
science militaire qu'on nous oppose. En outre la
discipline est une chose morte chez nous. L'o-
béissance passive semble incompatible avec le
progrès que chacun a fait dans le sentiment de
la possession de soi-même. Les soldats veulent
être bien soignés et bien commandés; ils ne
veulent plus mourir sans but et sans utilité.
Quelques-uns abusent de ce droit jusqu'à la révolte ou à la désertion; le grand nombre fait
bravement son devoir, mais il comprend les
fautes des chefs, il s'indigne des souffrances
gratuites que l'incurie, la scélératesse ou le désordre des intendances lui inflige. Il est aussi
patient, aussi résigné que possible, et fournit à
chaque page de cette lamentable histoire de nos
revers des preuves de sa réelle vertu patriotique;
mais il ne fait pas les miracles du temps passé
et il ne les fera plus. Il n'a plus la foi aveugle; il
est entré dans la phase du libre examen.

Voilà ce que les exaltés ne veulent pas comprendre. Ils ne tiennent compte d'aucune dif-

férence ; ils repoussent avec une colère maladive
tout examen historique, toute déduction philosophique, si élémentaire qu'elle soit. On pourrait dire des républicains d'aujourd'hui qu'ils
sont comme les royalistes de la Restauration : ils
n'ont rien oublié et rien appris. Quelques-uns
s'en font gloire, ce sont de véritables enfants en
philosophie, quoique d'ailleurs gens de cœur et
d'esprit. J'en sais même qui sont hommes de
mérite, d'étude et de discussion ingénieuse ;
ceux-là deviennent forcément la proie d'une habitude de paradoxe déplorable. On ne sait quoi
leur répondre, on ne sait s'ils parlent sérieusement ; on les écoute avec stupeur. Ils prétendent vouloir que l'homme soit complétement
libre, et que le vote du dernier idiot soit librement émis ; mais ils veulent en même temps que
les mesures dictatoriales soient acceptées sans
murmure, et ils repoussent l'idée d'en appeler
au suffrage universel dans les temps de crise.
On leur demande si la liberté n'est bonne que
quand il n'y a rien à faire pour elle. Ils ne peu-

vent répondre que par des sophismes ou par des injures :

— Je vous trouve réactionnaire. — Vous aban-donnez vos croyances.

Tout ce que je pense aujourd'hui, je l'ai pensé en voyant s'écrouler la République de 48 après les horribles journées de juin. Je ne me sentis pas le cruel courage de dire la vérité aux vain-cus; je n'avais plus d'autre mission, d'autre idée que celle d'adoucir le sort de ceux qui voulaient être sauvés du désastre, et je m'abstins de tout reproche, de toute appréciation des fautes com-mises; maintenant ils parlent haut, ils sont puis-sants, ils menacent. Je n'ai plus de raison pour me taire avec eux. Ils me disent qu'au lieu d'ap-précier et de juger au coin du feu leurs malheu-reux tâtonnements, je devrais écrire en l'hon-neur du gouvernement de la République, chanter apparemment les victoires que nous ne rempor-tons pas, et fêter la prochaine délivrance que rien ne fait espérer. Je n'ai qu'une réponse à faire : je ne sais pas mentir; non-seulement ma conscience s'y oppose, mais encore mon cerveau, mon inspiration du moment, ma plume. Si mes réflexions écrites sont un danger devant l'ennemi, je les laisserai en portefeuille jusqu'à ce qu'il soit parti.

Mais ne pourrait-on s'éclairer entre soi, discuter et redresser au besoin son propre jugement, sans dépit et sans fiel ? — Impossible ! l'exaltation s'en mêle et on déraisonne.

Il n'est donc pas besoin de sortir du petit coin où l'on est forcé de vivre pour voir au delà de l'horizon ce qui se passe en France et même à Paris, derrière les lignes prussiennes. Les uns s'excitent fiévreusement à l'espérance, les autres se sacrifient sans le moindre espoir de salut. J'avoue qu'à ces derniers, que je crois les plus méritants, je ne demanderai pas s'ils sont républicains : je trouve qu'ils le sont. Quant à ceux qui prétendent accaparer l'expression républicaine et qui se montrent intolérants et irritables, je commence à douter d'eux. Il y a longtemps que leur manière d'entendre la démocratie et de pratiquer la fraternité m'est un profond sujet de tristesse.

Ici, je ne connais que des gens excellents, très-honnêtes et sincères jusqu'à l'ingénuité ; mais leur opinion, mal établie, composée d'éléments de certitude mal combinés, chauffée à blanc par l'exaspération que nous cause à tous le malheur commun, tourne à une véritable confusion de principes. Naturellement on est trop sous le coup de mauvaises nouvelles pour raisonner, et chacun laisse échapper le cri de son cœur ou l'expression de son tempérament. Je comprends cela, je l'excuse, j'en partage l'émotion ; rentrée en moi-même, je m'affecte autant du mal intérieur qui nous ronge que des maux dont la guerre nous accable.

Est-il vrai que la république *seule* puisse sauver la France ?

Oui, je le crois fermement encore, mais une république constituée et réelle, consentie, défendue par une nation pénétrée de la grandeur de ses institutions, jalouse de maintenir son indépendance au dedans comme au dehors. Ce n'est pas là ce que nous avons. Nous acceptons, nous tolérons une dictature que je ne veux pas juger encore, qui répugne cependant à la majorité des citoyens, par ce seul fait qu'elle est trop prolongée et que le succès ne la justifie pas. Que faire pourtant? Paris assiégé ne doit pas changer son gouvernement, à moins que l'ennemi n'y consente, et je comprends qu'il en coûte de le lui demander tant qu'on espère se défendre... Mais quand on ne l'espèrera plus?

On me crie qu'il ne faut pas supposer cela. Voici où l'exaltation me paraît funeste. Dans toute situation raisonnable, ne faut-il pas examiner le présent pour augurer de l'avenir? Les optimistes de parti pris et les pessimistes par nature sont également condamnés à se tromper toujours. Les solutions de la vie sont toujours imprévues, toujours mêlées de bien et de mal, toujours moins riantes et moins irréparables qu'on ne les a envisagées; quand on est sur la pente rapide d'un précipice, s'y jeter à corps

perdu, que ce soit vertige de terreur ou de témérité, ne me paraît pas fort sage. Il vaudrait
mieux tâcher de se retenir ou de couler doucement au fond. Paris est peut-être pris du vertige
de l'audace à l'heure qu'il est. C'est beau, c'est
généreux ; mais n'est-ce pas la fière et mâle expiation d'une immense faute commise au début ?
Ne fallait-il pas, tout en acclamant la république
à l'Hôtel-de-Ville, demander à la France de la
proclamer ? Elle l'eût fait en ce moment-là. Les
membres ne sont pas si éloignés du cœur qu'ils
résistent à son élan. On avait quelques jours
encore à employer avant l'investissement, et
on eût pu arrêter l'ennemi aux portes de Paris
en lui faisant des propositions au nom de la
France constituée. Il eût consenti à ce qu'elles
fussent ratifiées par le vote des provinces envahies.

On n'avait pas le temps, dit-on ; il fallait préparer la défense. Puisqu'on avait élu un gouvernement spécialement chargé de ce soin d'ur-
gence extrême, il fallait laisser le pays légal

aviser au soin de ses destinées. Il y aurait eu
des formalités à abréger, des habitudes politiques
à modifier. Qui sait si nous ne serons pas forcés
plus tard de voter à plus court délai ? Il ne serait
pas mauvais, en tout état de cause, de corriger
les mortelles lenteurs de nos installations parle-
mentaires.

Nous voici donc livrés aux éventualités d'une
dictature jusqu'ici indécise dans ses moyens
d'action, mais qui peut devenir tyrannique et
insupportable au gré des événements. Nous ne
savons rien de ce que cette autorité sans consécration légale nous réserve. Nous sommes sans
gouvernail dans la tempête, sans confiance par
conséquent, et dans cette situation d'esprit où
la foi aveugle est un héroïsme qui frise la folie.

On reproche aux républicains d'avoir fait de
la politique au lieu de faire réellement de la défense. Ce serait de la bien mauvaise politique,
même dans leur propre intérêt. Ils auraient, pour
la vaine satisfaction de garder le pouvoir durant
quelques semaines, compromis à jamais leur

influence et sapé leur autorité par la base. Je ne les crois pas capables d'une telle ineptie ; je crois simplement qu'ils ont été surpris par les événements, et que, dans une fièvre de patriotisme, le gouvernement de Paris s'est dévoué, sans espoir de vaincre, à la tâche de mourir.

Vous verrez, m'écrivent des pessimistes, que ces hommes voudront prolonger la lutte pour allonger leur rôle et occuper la scène à nos dépens. Non, cela n'est pas possible. Ce serait un crime, et je crois à leur honneur ; mais j'avoue qu'en principe le rôle qu'ils ont accepté est un immense péril pour la liberté sans être une garantie pour la délivrance, et que, sous prétexte de guerre aux Prussiens, beaucoup de Français mauvais ou incapables peuvent satisfaire leurs passions personnelles, ou nous jeter dans les derniers périls. Du pouvoir personnel qui nous a perdus, nous pouvons tomber dans un pire ; il suffirait qu'il fût égal en imprévoyance et en incapacité pour nous achever. Il y a un mot banal, insupportable, qui sort de

toutes les bouches et qui est le cri de détresse
de toutes les opinions :

— *Où allons-nous?*

On est las, on est irrité de l'entendre, et on
se le dit à soi-même à chaque instant..

Cette anxiété augmente en moi quand je vois
des personnes exaltées donner raison d'avance à
toute usurpation de pouvoir qui nous conduirait
à la victoire sur l'ennemi du dehors et sur celui
du dedans. Sur le premier, soit ; ici le succès
justifierait tout, puisque le succès serait la preuve
du génie d'organisation joint au courage moral
et au patriotisme persévérant. Attendons, aidons,
espérons ! — Mais l'ennemi du dedans... D'abord
quel est-il aujourd'hui ? Comme on ne s'entend
pas là-dessus, il serait bien à propos de le définir.

Les uns me disent :

— L'ennemi de la république, c'est le parti
rouge, ce sont les démagogues, les clubistes,
les émeutiers.

Cela est très-vague. Parmi ces impatients, il

doit y avoir, *comme dans tout parti*, des hommes
généreux et braves, des bandits lâches et stupides. C'est au peuple d'épurer les champions de
sa cause, de séparer le bon grain de l'ivraie;
s'il ne le fait pas, si les honnêtes gens se laissent
dominer par des exploiteurs, qu'on les contienne
durant quelques jours, leur égarement ne sera
pas de longue durée. Beaucoup d'entre eux ouvriront les yeux à l'évidence, et se déferont eux-
mêmes de l'élément impur qui souillerait leur
drapeau. Ils reviendront, s'ils ont des plaintes
à formuler, aux moyens légaux ou aux manifes-
tations dignes et calmes, qui seules font autorité
vis-à-vis de l'opinion. Je me résoudrai difficile-
ment à traiter d'ennemis ceux que la violence
des réactions a qualifiés d'*insurgés*, de *commu-
nistes*, de *partageux*, selon la peur ou la passion
du moment. Que ceux d'aujourd'hui se trompent
ou non, s'ils sont sincères et humains, ils sont
nos égaux, nos concitoyens, nos frères.

— Ils veulent piller et brûler, dites-vous ?

— Prenez vos fusils et attendez-les; mais il y a

vingt ans qu'on les attend, il ne s'est produit que
des émeutes partielles où rien n'a été pillé ni brûlé
pour cause politique. S'il y a des bandits qui
exercent leur industrie sous le masque socialiste,
je ne leur fais pas l'honneur de les traiter d'ennemis. Les malheureux qui au bagne expient
des crimes envers l'humanité ne sont qualifiés
d'ennemis politiques par aucun parti. Laissons
donc aux enfants et aux bonnes femmes la peur
des *rouges;* on est *rouge,* on est *avancé,* et on
est paisible quand même. Si en dehors de cela
on est assassin, voleur ou fou furieux, qu'on
s'attende à se heurter contre des citoyens im-
provisés gendarmes. Il y en aura plus que de
besoin, et, s'il est un parti à qui la peur soit
permise, c'est justement ce parti rouge qui vous
fait trembler, car dans les réactions vous avez
bien vu les innocents payer par milliers pour les
coupables en fuite ou pour les provocateurs en
sûreté. — Honnêtes gens qui répétez cette bana-
lité : *Les rouges nous menacent !* calmez-vous. Ils
sont bien plus menacés que vous, et ils con-

stituent en France une infime minorité dont
on aura partout raison à un moment donné.

Pourquoi la république, disent les autres,
ferait-elle cause commune avec un parti qu'elle
appelle aussi l'ennemi ? Ce parti-là, les républicains d'aujourd'hui l'appellent la réaction. Il
faut bien se servir encore de ce vocabulaire su-
ranné ; quand donc, hélas ! en serons-nous dé-
barrassés ? Les *réactionnaires* se composent des
légitimistes, des orléanistes, des bonapartistes
et des cléricaux, qui sont ou légitimistes, ou
orléaristes ou bonapartistes, mais qui tiennent
tous plus ou moins pour le principe d'autorité
monarchique et religieuse. La prétendue réaction, c'est donc toute une France par le nombre,
une majorité flottante entre les trois drapeaux
et prête à se rallier autour de celui qui lui offrira plus de sécurité, — ce qui est prévoyant
et rassis, commerçant, ouvrier, industriel, fonc-
tionnaire, artiste, paysan. C'est ce qu'on appelle
la masse des honnêtes gens, c'est ce qu'il ne
faudrait qualifier ni d'honnête ni de malhonnête;

c'est la race calme ou craintive dont à mes yeux
le tort et le malheur sont de manquer d'idéal
ou de s'y refuser de parti pris, car tout Français
est idéaliste malgré lui. Dans le bien et le vrai,
comme dans le faux et le mauvais, tout Français
poursuit un rêve et aspire à un progrès appro-
prié à sa nature; tout Français se lasse vite du
possible immédiat et cherche vers l'inconnu une
route plus sûre que celle qu'il a parcourue;
tout Français veut être bien d'abord, mieux
ensuite et toujours mieux.

Mais personne ne se connaît, et les innombrables tempéraments qui se rattachent au maintien de l'ordre à tout prix repoussent en principe les innovations qu'ils cherchent en fait.
Pourquoi les traiter d'ennemis quand ils ne sont
que des attardés? Si vous savez fonder une société qui contienne les mauvaises ambitions
sans froisser les aspirations légitimes, vous ral-
lierez à vous tout ce qui mérite d'être rallié;
cela était possible au début de la révolution actuelle. Cet appel à tous au nom de la patrie en

danger a été noble et sincère. Le grand nombre
a marché, ne refusant ni sa bourse, ni son
temps, ni sa vie ; mais l'inquiétude nous gagne,
les républiques sont soupçonneuses, et depuis
la capitulation de Metz nous voyons partout des
traîtres. C'est l'inévitable désespérance qui suit
les désastres ; nous cherchons l'ennemi chez
nous, parmi nous. Il y est sans doute, car la
république est fatalement entraînée à trouver des
résistances chaque jour plus prononcées, si elle
ne sauve pas le pays de l'invasion. Le pourra-
t-elle ? Dans tous les cas, accuser et soupçonnèr
est un mauvais moyen. Il faudrait nous en défendre de notre mieux, nous en défendre le plus
possible, ne pas nous constituer en parti ex-
clusif, ne pas établir dans chaque groupe une
petite église, ne pas faire de catégories de vain-
queurs et de vaincus, car la victoire est capri-
cieuse, et nous serons peut-être avant peu les
vaincus de nos vaincus.

Est-ce que nous allons recommencer la guerre
des personnalités quand nous en avons une au-

tre si terrible à faire? Je vois avec regret le renouvellement des fonctionnaires et des magistrats prendre des proportions colossales. J'aurais compris certains changements nécessaires dont l'appréciation eût été facile à faire, mais tous! mais les colonnes du *Moniteur* remplies de noms nouveaux tous les jours depuis trois mois! Y avait-il donc tant d'hommes dangereux, incorrigibles, imméritants? Quoi! pas un seul n'était capable de servir son pays à l'heure du danger? Tous étaient résolus à le livrer à l'ennemi! Je ne suis pas pessimiste au point d'en être persuadée. J'en ai connu de très-honnêtes; en a-t-on mis partout de plus honnêtes à leur place? Hélas! non, on me cite des choix scandaleux, que les républicains eux-mêmes réprouvent en se voilant la face. Le gouvernement ne peut pas tout savoir, disent-ils; c'est possible, mais le gouvernement doit savoir ou s'abstenir.

Allons-nous donner raison à ceux qui disent que la république est le *sauve qui peut* de tous les nécessiteux intrigants et avides qui se font un droit au pouvoir des déceptions ou des misères qu'un autre pouvoir leur a infligées? Mon Dieu, mon Dieu! la république serait donc un parti, rien de plus qu'un parti! Ce n'est donc pas un idéal, une philosophie, une religion? O sainte doctrine de liberté sociale et d'égalité fraternelle, tu reparais toujours comme un rayon d'amour et de vérité dans la tempête! Tu es tellement le but de l'homme et la loi de l'avenir que tu es toujours le phare allumé sur le vaisseau en détresse, tu es tellement la nécessité du salut qu'à tes courtes heures de clarté pure tu rallies tous les cœurs dans une commotion d'enthousiasme et d'espérance; puis tout à coup tu t'éclipses, et le navire sombre : ceux qui le gouvernent sont pris de délire, ceux qui le suivent sont pris de méfiance, et nous périssons tous dans les vertiges de l'illusion ou dans les ténèbres du doute.

Samedi 5 novembre.

Il est très-malsain d'être réduit à se passer

du vote. On s'habitue rapidement à oublier qu'il est la consécration inévitable de tous nos efforts pour le maintien de la république. Les esprits ardents et irréfléchis semblent se persuader que la campagne n'apportera plus son verdict suprème à toutes nos vaines agitations. Tu es pourtant là debout et silencieux, Jacques Bonhomme! Rien ne se fera sans toi, tu le sais bien, et ta solennelle tranquillité devrait nous faire réfléchir.

Nous n'avons pas compris, dès le principe, ce qu'il y avait de terrible et de colossal dans le suffrage universel. Pour mon compte, c'est avec regret que je l'ai vu s'établir en 1848 sans la condition obligatoire de l'instruction gratuite. Mon regret persiste, mais il s'est modifié depuis que j'ai vu le vote fonctionner en se modifiant lui-même d'une manière si rapide. J'ai appris à le respecter après l'avoir craint comme un grave échec à la civilisation. On pouvait croire et on croyait qu'une population rurale, ignorante, choisirait exclusivement dans son sein d'incapables représentants de ses intérêts de clocher. Elle fit tout le contraire, elle choisit d'incapables représentants de ses intérêts généraux. Elle a marché dans ce sens, tenant à son erreur, mais entendant quand même on ne peut mieux les questions qui lui étaient posées. Elle a toujours voté pour l'ordre, pour la paix, pour la garantie du travail. On l'a trompée, on lui a donné le contraire de ce qu'elle demandait ; ce qu'elle croyait être un vote de paix a été un vote de guerre. Elle a cru à une savante organisation de ses forces, on ne lui a légué que le désordre et l'impuissance. Nous lui crions maintenant :

— C'est ta faute, Jacques Bonhomme, tu expies ton erreur et ton entêtement.

Si Jacques Bonhomme avait un organe fidèle de ses idées, voici ce qu'il répondrait :

— Je suis le peuple souverain de la première République et en même temps le peuple impérialiste du second Empire. Vous croyez que je suis changé, c'est vous qui l'êtes. Quand vous étiez avec moi, je vous défendais, même dans vos plus grandes fautes, même dans vos plus funestes erreurs, comme j'ai défendu Napoléon III jusqu'au bout. Nous nous sommes brouillés, vous et moi, au lendemain de 48 ; vous vous battiez, vous vous proscriviez les uns les autres. On nous a dit :

» — L'empire c'est la paix.

» Nous avons voté l'empire, c'est nous qui punissons les partis, quels qu'ils soient. Nous punissons brutalement, c'est possible. D'où nous sommes, nous ne voyons pas les nuances, et d'ailleurs nous ne sommes pas assez instruits pour comprendre les principes, nous n'apprécions que le fait. Arrangez-vous pour que le fait parle en votre faveur, nous retournerons à vous.

Le fait ! le paysan ne croit pas à autre chose. Tandis que nous examinons en critiques et en artistes la vie particulière, le caractère, la physionomie des hommes historiques, il n'apprécie et ne juge que le résultat de leur action. Dix années de repos et de prospérité matérielle lui donnent la mesure d'un bon gouvernement. A travers les malheurs de la guerre, ii n'aperce-

vra pas les figures héroïques. Je l'ai vu lassé et
dégoûté de ses grands généraux en 1813. S'il
eût été le maître alors, l'histoire eût changé de
face et suivi un autre courant. S'il est revenu
à la désastreuse légende napoléonienne, qu'il
avait oubliée, c'est qu'à ses yeux la république
était devenue un fait désastreux en 48.

Et plus que jamais, hélas! notre idéal est
devenu pour lui un fait accablant; ce que le
paysan souffre à cette heure, nous ne voulons pas en tenir compte, nous ne voulons
pas en avoir pitié.

— Paye le désastre, toi qui l'as voté.

Voilà toute la consolation que nous savons
lui donner. Mon Dieu! puisqu'il faut qu'il
porte le plus lourd fardeau, n'ayons pas la
cruauté de lui reprocher sa ruine et son désespoir. La république n'est pas encore une
chose à sa portée; qui donc la lui aurait en-
seignée jusqu'ici? Elle n'a fait que disputer,
souffrir, lutter jusqu'à la mort sous ses yeux, et
il est le juge sans oreilles qui veut palper des preu-

ves. Il ne se paye pas de gloire, il ne croit pas
aux promesses ; il lui faut la liberté individuelle
et la sécurité. Il se passe volontiers des secours
et des encouragements de la science ; il ne les
repousse plus, mais il veut accomplir lui-même
et avec lenteur son progrès relatif.

— Laissez-moi mon champ, dit-il, je ne vous
demande rien.

Nul n'est plus facile à gouverner, nul n'est
plus impossible à persuader. Il veut avoir le
droit de se tromper, même de se nuire ; il est
têtu, étroit, probe et fier.

Son idéal, s'il en a un, c'est l'individualisme.
Il le pousse à l'excès, et longtemps encore il en
sera ainsi. Il est un obstacle vivant au progrès
rapide, il le subira toujours plus qu'il ne le re-
cevra ; mais ce qui est démontré le saisit. Qu'il
voie bien fonctionner, il croit et fonctionne :
rien sans cela. Je comprends que ce corps, qui
est le nôtre, le corps physiologique de la France,
gêne notre âme ardente ; mais, si nous nous
crevons le ventre, il ne nous poussera pas pour

cela des ailes. Il faut donc en prendre notre
parti, il faut aimer et respecter le paysan quand
même.

Guenille, si l'on veut, ma guenille m'est chère.

Nous devons à la brutalité de ses appétits la
remarquable oblitération qui s'est faite, depuis
vingt ans surtout, dans notre sens moral. Nous
avons donc grand sujet de nous plaindre des
immenses erreurs où l'esprit de bien-être et de
conservation nous a fourvoyés. De là, chez ceux
qui protestaient en vain contre ce courant trou-
blé, un grand mépris, une sorte de haine douloureuse, une protestation que je vois grandir
contre le suffrage universel. Je ne sais si je me
trompe, la république nouvelle aimerait à
l'ajourner indéfiniment, elle songerait même à
le restreindre ; elle reviendrait à l'erreur funeste
qui l'a laissée brisée et abandonnée après avoir
provoqué le coup d'État ; pouvait-il trouver un
meilleur prétexte ? Encore une fois, les républi-

cains d'aujourd'hui n'ont-ils rien appris ? sont-
ils donc les mêmes qu'à la veille de décembre ?
Espérons qu'ils ne feront pas ce que je crains
de voir tenter. Le suffrage universel est un
géant sans intelligence encore, mais c'est un
géant. Il vous semble un bloc inerte que vous
pouvez franchir avec de l'adresse et du courage.
Non : c'est un obstacle de chair et de sang ; il
porte en lui tous les germes d'avenir qui sont en
vous. C'est quelque chose de précieux et d'irritant, de gênant et de sacré, comme est un enfant lourd et paresseux que l'on se voit forcé de
porter jusqu'à ce qu'il sache ou veuille marcher.
Le tuerez-vous pour vous débarrasser de lui?
Mais sa mort entraînerait la vôtre. Il est im-
mortel comme la création, et on se tue soi-
même en s'attaquant à la vie universelle. Puisqu'en le portant avec patience et résignation
vous devez arriver à lui apprendre à marcher
seul, sachez donc subir le châtiment de votre
imprudence, vous qui l'avez voulu contraindre
à marcher dès le jour de sa naissance. C'est là

10

où la politique proprement dite a égaré les chefs de parti. On s'est persuadé qu'en affranchissant la volonté humaine sans retard et sans précaution, on avait le peuple pour soi. Ç'a été le contraire. Retirer ce que vous avez donné serait lâche et de mauvaise foi, et puis le moyen ?

— Essaye donc ! dit tout bas Jacques Bonhomme.

C'est que Jacques Bonhomme sait voter à présent, et ce n'est pas nous qui avons eu l'art de le lui apprendre. On l'a enrégimenté par le honteux et coupable engin des candidatures officielles, et puis peu à peu il s'est passé de lisières ; il ne marche peut-être pas du bon côté, mais il marche avec ensemble et comme il l'entend. Il votait d'abord avec son maître, à présent il se soucie fort peu de l'opinion de son maître. Il a la sienne, et fait ce qu'il veut. Ce sera un grand spectacle lorsque, sortant des voies trompeuses et ne se trompant plus sur la couleur des phares, il avancera vers le but qui est le sien comme le nôtre. Aucun peuple libre ne saura voter comme le peuple de France, car déjà il est plus indépendant et plus absolu dans l'exercice de son droit que tout autre.

L'instrument créé par nous pour nous mener au progrès social est donc solide; sa force est telle que nous ne pourrions plus y porter la main. Nous avons fait trop vite une grande chose; elle est encore redoutable, parfois nuisible, mais elle existe et sa destinée est tracée, elle doit servir la vérité. Née d'un grand élan de nos âmes, elle est une création impérissable, et le jour où cette lourde machine aura mordu dans le rail, elle sera une locomotive admirable de rectitude, comme elle est déjà admirable de puissance. C'est alors qu'elle jouera dans l'histoire des peuples un rôle splendide, et fermera l'âge des révolutions violentes et des usurpations iniques. Tandis que l'imagination exaltée et la profonde sensibilité de la France, éternelles et incorrigibles, je l'espère, ouvriront toujours de nouveaux horizons à son génie, Jacques Bonhomme, toujours patient, toujours prudent, s'approchant de l'urne avec son sourire de paternité narquoise, lui dira :

— C'est trop tôt, ou c'est trop de projets à la fois ; nous verrons cela aux prochaines élections. Je ne dis pas non ; mais il ne me plaît pas encore. Vous êtes le cheval qui combat, je suis le bœuf qui laboure.

Il pourrait dire aussi et il dira quand il saura parler :

— Vous êtes l'esprit, je suis le corps. Vous êtes le génie, la passion, l'avenir ; je suis de tous les temps, moi ; je suis le bon sens, la patience, la règle. Vouloir nous séparer, détruire l'un de nous au profit de l'autre, c'est nous tuer tous les deux. Où en seriez-vous, hommes de sentiment, représentants de l'idée, si vous parveniez à m'anéantir ? Vous vous arracheriez le pouvoir les uns aux autres ; vos républiques et vos monarchies seraient un enchaînement de guerres civiles où vous nous jetteriez avec vous, et où, sans la liberté du vote, nous serions encore les plus forts. Cette force irrégulière, ce serait la jacque-

rie. Nous ne voulons plus de ces déchirements !
Grâce à notre droit de citoyens, nous nous sommes entendus d'un bout de la France à l'autre,
nous ne voulons plus nous battre les uns contre
les autres. Nous voulons être et nous sommes le
frein social, le pouvoir qui enchaîne les passions
et qui décrète l'apaisement.

Et cela est ainsi déjà lourdement, brutalement
peut-être, mais providentiellement. Non, non!
ne touchez pas au vote, ne regrettez pas d'avoir
fondé la souveraine égalité. Le peuple, c'est votre
incarnation ! Vous vous êtes donné un compagnon qui vous contrarie, qui vous irrite, qui vous
blesse : injuste encore, il méconnaît, il renie la
république, sa mère ; mais, si sa mère l'égorge,
vaudra-t-elle mieux que lui ? A présent d'ailleurs,
elle l'essayerait en vain. L'enfant est devenu trop
fort. Vous auriez la guerre du simple contre le
lettré, du muet contre l'*avocat*, comme ils disent,
une guerre atroce, universelle. Le vote est l'exutoire ; fermez-le, tout éclate !

10.

Nohant, 6 novembre.

Me voilà revenue au nid. Je me suis échappée, ne voulant pas encore amener la famille ; je retournerai ce soir à La Châtre, et je reviendrai demain ici. J'en suis partie il y a deux mois par une chaleur écrasante, j'y reviens par un froid très-vif. Tout s'est fait brutalement cette année. — Pauvre vieux Nohant désert, silencieux, tu as l'air fâché de notre abandon. Mon chien ne me fait pas le moindre accueil, on dirait qu'il ne me reconnaît pas : que se passe-t-il dans sa tête ? Il a eu froid ces jours-ci, il me boude d'avoir tant tardé à revenir. Il se presse contre mon feu et ne veut pas me suivre au jardin. Est-ce que les chiens eux-mêmes ne caressent plus ceux qui les négligent ? Au fait, s'il est mécontent de moi, comment lui persuaderais-je qu'il ne doit pas l'être ? J'attise le feu, je lui donne un coussin et je vais me promener sans lui. Peut-être me pardonnera-t-il.

Le jardin que j'ai laissé desséché a reverdi et refleuri comme s'il avait le temps de s'amuser avant les gelées. Il a repoussé des roses, des anémones d'automne, des mufliers panachés, des nigelles d'un bleu charmant, des soucis d'un jaune pourpre. Les plantes frileuses sont rangées dans leur chambre d'hiver. La volière est vide, la campagne muette. Y reviendrons-nous pour y rester? La maison sera-t-elle bientôt un pauvre tas de ruines comme tant d'autres sanctuaires de famille qui croyaient durer autant que la famille? Mes fleurs seront-elles piétinées par les grands chevaux du Mecklembourg? Mes vieux arbres seront-ils coupés pour chauffer les jolis pieds prussiens? Le major Boum ou le caporal Schlag coucheront-ils dans mon lit après avoir jeté au vent mes herbiers et mes paperasses? Eh bien! Nohant à qui je viens dire bonjour, silence et recueillement où j'ai passé au moins cinquante ans de ma vie, je te dirai peut-être bientôt adieu pour toujours. En d'autres circonstances, c'eût été un adieu déchirant; mais si tout succombe

avec toi, le pays, les affections, l'avenir, je ne
serai point lâche, je ne songerai ni à toi ni à moi
en te quittant! J'aurai tant d'autres choses à
pleurer!

Nohant, 7 novembre.

J'y reviens à midi. J'installe Fadet auprès du
feu, et je me mets à écrire dans ma chambre sur
mes genoux, il fait trop froid dans la bibliothèque. Il boude toujours, Fadet. Il me regarde
d'un air triste; peut-être est-il mécontent de ce
que je reviens seule, peut-être s'imagine-t-il que
je ne veux pas ramener mes petites-filles, peut-
être craint-il d'être abandonné aux Prussiens, si
l'on s'en va encore! Il y a là un mystère; c'est
la première fois qu'il ne me dévore pas de ca-
resses après une absence. Il fait un froid noir,
mes mains se roidissent en écrivant. Que de souffrances pour ceux qui couchent dehors! Les officiers peuvent se préserver un peu; mais le simple troupier, le mobile à peine vêtu! ils ont

encore des habits de toile, et déjà ils n'ont plus de souliers. Pourquoi cette misère quand nous avons fait et au delà tous les frais de leur équipement?

En ce moment, on s'occupe à La Châtre de faire des gilets de laine pour les mobilisés. Les femmes quêtent, cousent et donnent. On s'ingénie pour se procurer l'étoffe, on n'en trouve qu'avec des peines infinies, les chemins de fer se refusant, par ordre, au transport des denrées qui ne sont pas directement ordonnancées par le gouvernement, ou ne voulant répondre de rien; on manque de tout. La confiance dans les administrations militaires est telle qu'on donne ces vêtements aux mobilisés de la main à la main! Tant d'autres malheureux n'ont jamais reçu, nous dit-on, les secours qui leur étaient destinés!

Pas de nouvelles aujourd'hui, calme plat au milieu de la tempête. On est tout étonné quand un jour se passe sans apporter un malheur nouveau.

Mardi 8.

L'armistice est rejeté, c'est la guerre à mort.
Préparons-nous à mourir. — Fadet me fait beaucoup d'amitiés aujourd'hui. Il sait l'heure à laquelle j'arrive, il m'attendait à la porte. — Tu es
fou, mon pauvre chien, tout va plus mal que
jamais. J'écris quinze lettres, et je retourne à la
ville par un froid atroce.

Nohant, mercredi 9.

Je reviens au son de la cloche des morts. On
enterre la vieille bonne de mon fils. Hier soir,
un de nos domestiques a failli se tuer ; il a la
figure toute maculée. Il semble que tout soit
comme entraîné à prendre fin en même temps.
On n'entend parler que d'accidents effroyables,
de maladies foudroyantes. On dirait que la raison
de vivre n'existe plus et que tout se brise comme
de soi-même. D'aucun point de l'horizon, le salut

ne veut apparaître ; quelles ténèbres ! — Paris
va donc braver plus que jamais les horreurs du
siége, et l'espoir de le délivrer s'éloigne ! Cette
fois il a tort, ou il est indignement abusé.

Jeudi 10.

Notre impuissance semble s'accuser de plus en
plus. Nous avons pourtant une armée sur la
Loire, mais que fait-elle ? est-ce bien une armée ?
— Il neige déjà ! la terre est toute blanche, des
arbres encore bien feuillus font des taches noires
de place en place. La campagne est laide aujour-
d'hui, sans effet, sans moelleux, sans distances.
La terre devient cruelle à l'homme.

Ah ! voici enfin un fait : Orléans est repris par
nous ; l'ennemi en fuite, poursuivi jusqu'à Arte-
nay. La garde mobile s'est bien battue, la ville
s'est défendue bravement. Pourvu que tout cela
soit vrai ! Si nous pouvons lutter, l'honneur
commande de lutter encore ; mais je ne crois
pas, moi, que nous puissions lutter pour autre

chose. Nous sommes trop désorganisés, il y aura un moment où tout manquera à la fois. Ceux qui sont sur le théâtre ne savent donc pas que les dessous sont sapés et ne tiennent à rien ? On se soupçonne, on s'accuse, on se hait en silence. La vie ne circule pas dans les artères. Nous avons encore de la fierté, nous n'avons plus de sang.

12.

La victoire se confirme, et, comme toujours, elle s'exagère. Le général d'Aurelle de Paladines, singulier nom, est au pinacle aujourd'hui. C'est, dit-on, un *homme de fer.* Pauvre général ! s'il ne fait pas l'impossible, il sera vite déchu. Qu'ils sont malheureux, ces hommes de guerre ! Était-il bien prudent de *proclamer* la trahison de Bazaine ? Si elle est réelle, ne valait-il pas mieux la cacher ou nous laisser dans le doute ?

Dimanche 13 novembre.

Nous voici tous revenus définitivement au bercail. Définitivement!... c'est un joli mot par le temps qui court. Mes petites sont ivres de joie de retrouver leurs chambres, leurs jouets, leur chien, leur jardin. A cet âge, un jour de joie, c'est toujours! Leur gaieté nous donne un instant de bonheur, nous n'en avons plus d'autre.

On se demande si l'on pourra supporter quelque temps encore ce désespoir général sans devenir fou, lâche ou méchant. Ceux qui sont fous, lâches ou méchants semblent moins à plaindre. Leur délire, leurs convoitises, leur passion, sont dans un état d'ébullition qui les soutient sur le flot; écumes en attendant qu'ils soient scories, ils flottent et croient qu'ils nagent!

Tout entier à l'horreur de la réflexion, celui qui aime l'humanité n'a plus le temps de s'aimer lui-même. Il n'a pas de but personnel, il n'a pas

11

de part de butin à chercher dans les ruines, il
souffre amèrement, et il s'attend à souffrir plus
encore. Pauvre nature humaine, dans quel état
d'épuisement ou d'exaspération vas-tu sortir de
cette torture! Démence pour les uns, annihilement
pour les autres... Quand nous aurons repoussé ou
payé l'ennemi du dehors, que serons-nous? où
trouverons-nous l'équité calme, le pardon frater-
nel, le désir commun de reconstruire la société?
Et si nous sommes forcés de procéder à ce travail
sous la menace du canon allemand! Nous ne
ferons certes rien de durable, et la république
subira de si fortes dépressions qu'elle sera
comme une terre ravagée de la veille par les
éruptions volcaniques. Comme notre sol matériel, le sol politique et social sera souillé, stéri-
lisé peut-être!

18 novembre.

M. de Girardin conseille d'élire en quatre jours
un président par voie de plébiscite. Certes c'est

une idée, — M. de Girardin n'en manque jamais,
— mais, malgré mon très-grand respect pour le
suffrage universel, je crois qu'il ne devrait être
appelé à résoudre les questions par oui ou par
non que sur la proposition des Assemblées élues
par lui. Le travail de ces élections est chaque
fois pour lui un moyen de connaître et de juger
la situation. Ce sera son grand mode d'instruction et de progrès quand la classe éclairée sera
vraiment en progrès elle-même; mais questionner
les masses à l'improviste, c'est souvent leur tendre
un piége. Le dernier plébiscite l'a surabondam-
ment prouvé. En ce moment de doute et de désespoir, nous aurions un vote de dépit contre
la république, car elle porte tout le poids des
malheurs de la France; les votes de dépit ne
peuvent être bons. Pourtant, s'il n'y avait pas
d'autre moyen d'en finir avec une situation désespérée que l'on ne voudrait pas nous avouer,
mieux vaudrait en venir là que de périr.

21 novembre.

Les journaux nous saturent de la question
d'Orient. On y voit le point de départ d'une
guerre européenne. Eh bien! l'Europe, qui nous
abandonne, sera punie en attendant qu'elle pu-
nisse à son tour. C'est dans l'ordre. !

25 novembre.

Temps très-doux et même chaud. Depuis quelques jours, les circulaires ministérielles nous
entretiennent de petits combats où nous aurions
constamment l'avantage. La rédaction est toujours
la même.

— Les mobiles ont eu de l'*entrain !*

Singulière expression dans des cas si graves;
on dirait qu'il s'agit de parties de plaisir.

— Nous avons subi des pertes *sérieuses*, l'ennemi en a fait de plus considérables.

Le plus clair, c'est que, pour empêcher l'ennemi d'envahir toute la France, on le laisse se fortifier autour de Paris, et que nous arriverons trop tard au secours de Paris, si nous arrivons ! On vit au jour le jour sur les incidents de cette guerre de détails, c'est une sorte de calme relatif qu'on se reproche d'avoir, et qu'on ne peut pas goûter.

26 novembre.

Bonne lettre de Paris, c'est une joie en même temps qu'une douleur poignante. Ils demandent si nous allons à leur secours !... On dit qu'une action décisive est imminente. Il y a si longtemps qu'on le dit !

28.

Les insomnies sont dévorantes, on ne les compte plus. Après toutes mes veilles auprès de mes enfants malades au printemps, je pourrai me vanter de n'avoir guère dormi cette année.

Tous ces bans qui se succèdent si rapidement
me terrifient. On appelle les hommes mariés
pour le 10 décembre. Plus on a de bras, plus
on en demande ; c'est donc que la situation
s'aggrave au lieu de s'améliorer !

29.

Départ de nos mobilisés par un temps triste
comme nos âmes. Nous les attendons sur la
route. Toute la ville les accompagne. Ils sont
très-décidés, très-patriotes, très-fiers. On s'embrasse, on rentre les larmes. Où vont-ils ? que
deviendront-ils ? Ils ne le savent pas, ils sont
prêts à tout. Il y a un reflux d'espoir et de dévouement. On croit que le salut est encore possible. Je ne sais pourquoi mon espoir est faible
et de courte durée. Je n'étais plus habituée à
cette sombre disposition. Je la combats de mon
mieux, et, comme tout le monde, je saisis avec
ardeur la moindre lueur qui se montre ; mais
quand elle s'efface, on retombe plus bas.

2 décembre.

Jour radieux au milieu de notre désespoir.
Paris a fait, nous dit-on, une sortie magnifique,
et l'armée de la Loire va vers Paris avec succès.
On rêve déjà Paris débloqué, l'ennemi en déroute. Quel beau rêve! ne nous éveillons pas.
Laissez-nous, discoureurs officiels! votre éloquence n'est pas à la hauteur des choses. C'est
de la glace sur le feu. Il faudrait être si simple,
au contraire! Nos petites-filles nous voient heureux, elles se réjouissent de la prochaine délivrance de Paris, qu'elles n'ont jamais vu, mais
qui est pour elles comme une île enchantée que
nos amis et nos enfants, partis hier, vont délivrer des ogres et des monstres de même sorte.

4 décembre, dimanche.

La joie n'est pas de longue durée! On nous
dit que nous avons perdu toutes nos positions

sur la Loire. On ne publie pas les dépêches, elles sont trop décourageantes. Il paraît qu'on avait exagéré beaucoup le succès, et nous avons encore été dupés! Pourquoi nous tromper après avoir tant crié contre les trompeurs du régime précédent? — Il fait atrocement froid. La neige épaisse et collante empêche de marcher. Cela ressemble à une campagne de Russie pour nos soldats.

5 décembre.

On nous cache une défaite sérieuse. On dit que l'armée se replie en bon ordre. Nous ne sommes pas si loin du théâtre des événements que nous ne sachions le contraire. On nous trompe, on nous trompe! comme si on pouvait tromper longtemps! Le gouvernement a le vertige.

6 décembre.

Encore plus froid, 20 degrés dans la nuit, et nos soldats couchent dans la neige! Nos mobilisés sont atrocement logés à Châteauroux dans une usine infecte, ouverte à tous les vents. Les chefs sont à l'abri et disent qu'il faut aguerrir ces enfants gâtés. Chaque nuit, il y en a une vingtaine qui ont les pieds gelés ou qui ne s'éveillent pas. Morts de froid littéralement! C'est infâme, et c'est comme cela partout! Avant de les mener à la mort, on leur fait subir les tortures de l'agonie.

7 décembre.

Ce soir, dépêche insensée! Je le sentais bien que le malheureux général qui a repris Orléans payerait cher sa courte gloire! Orléans est de nouveau aux Prussiens. Notre camp est abandonné; nous perdons un matériel immense, nos canons de marine, des munitions considérables;

11.

notre armée est en fuite. Selon·le général, le
ministre a manqué de savoir et de jugement ; le
camp était mal placé, impossible à garder, et
les troupes, déclarées hier si vaillantes, ont plié
et ne peuvent inspirer aucune confiance ; tout
cela est exposé par le ministre lui-même, mais
sur un ton d'amour-propre blessé qui nous livre
à tous les commentaires ; il termine par cette
phrase étrange :

Le public appréciera.

— Le public ! c'est ainsi que ce jeune avocat
parle à la France ! Se croit-il sur un théâtre ?
Non, il a voulu dire :

La cour appréciera.

— Il se croit à l'audience ! Est-ce là un langage sérieux quand on ne craint pas de tenir
entre ses mains le sort de son pays ? Si le général qui n'obéit pas est coupable, pourquoi
ne pas insister pour qu'il obéisse ? Si vous êtes
certain qu'il se trompe, pourquoi lui envoyer un
ordre qui l'autorise à se tromper ? Mais si le camp
qu'il faut abandonner d'une manière si désas-

treuse était dans une situation déplorable, à qui la faute? Si les armements qu'on y a accumulés avec tant de peine et de dépense tombent entre les mains de l'ennemi, quels conseils a donc pris ce jeune orateur, qui s'est imaginé apparemment, un beau matin, être le général Bonaparte? On a lieu de craindre qu'il ne soit que Napoléon IV.

Il s'en lave les mains, le public appréciera! — Il y aura donc un public seul compétent pour juger entre sa science militaire et celle d'un général qu'hier encore il nous donnait comme une trouvaille de son génie! Ou vous vous êtes cruellement trompé hier, ou vous vous trompez cruellement aujourd'hui. C'est un aveu d'ignorance ou d'étourderie que votre emphase ne vous empêche pas de faire ingénument. Je ne sais ce qu'en pensera le public, mais je sais que les familles en deuil ne vous jugeront pas avec indulgence. Général, vous seriez mis à la retraite par le chef du gouvernement; chef du gouvernement, vous vous conservez au pouvoir : voilà des inconséquences qui coûtent cher à la France!

Le résultat, c'est que deux cent mille hommes de notre armée sont en fuite, — on appelle cela maintenant se replier, — et que nous faisons une perte immense en matériel de guerre.

On parle d'une nouvelle victoire sous Paris; nous n'y croyons plus, on ne croit plus à rien, on devient fou. Nous sommes ici dans notre campagne muette, ensevelie sous la neige, comme des passagers pris dans les glaces du pôle. Nous attendons les ours blancs, mais nous n'avons pas un fusil pour les repousser. Bon *public !* tu es la part du diable.

8 décembre.

On ne parle plus de Paladines ni de son armée. Le gouvernement lance des accusations capitales, et, n'osant y donner suite, passe à d'autres exercices. Il nous annonce des succès *sous toutes réserves,* mais Rouen est pris; on dit qu'il s'est livré pour de l'argent. Eh bien! je n'en crois rien. Il y a un patriotisme furieux et insulteur qui n'a plus de prise sur moi. Si Rouen s'est livré, c'est qu'on ne l'a pas aidé à se défendre, c'est peut-être qu'on l'a indignement trompé.

De notre côté, l'ennemi revient sur Vierzon et sur Bourges; si ces villes ouvertes et dégarnies ne démontent pas les batteries prussiennes à coups de pierres, dira-t-on qu'elles se sont vendues? — Je commence à m'indigner, à me mettre en colère sérieusement, moi qui ai puisé dans la vieillesse une bonne dose de patience; je ne peux souffrir que, pour ne pas avouer les fautes de son parti, on calomnie son pays avec cette merveilleuse facilité. Étrange patriotisme que celui qui outrage la France devant l'ennemi!

Ce soir on décommande la levée des hommes mariés. Pourquoi l'avoir décrétée?

9 décembre.

Petite dépêche rendant compte d'un petit engagement à Bois-le-Duc. Le général d'Aurelle de Paladines a donné sa démission, ou on la lui a

fait donner. On a nommé quatre généraux. Les
Prussiens sont à Vierzon depuis hier ; cela, on
n'en parle pas, mais les passants qui fuient, en-
tassés avec leurs meubles dans des omnibus, le
disent sur la route.

10.

Grande panique. Des gens de Salbris et d'Issoudun passent devant notre porte, emmenant
sur des charrettes leurs enfants, leurs meubles
et leurs denrées. Ils disent qu'on se bat à Reuilly.
Les restes de l'armée de la Loire sont ralliés,
mais on ne sait où ; Bourbaki est à Nevers pour
se mettre à la tête de quatre-vingt mille hommes
venant du Midi ou de cette déroute, on ne sait.

11 décembre.

Le ministre de la guerre va, dit-on, à l'armée
de la Loire pour la commander en personne.
J'espère que c'est une plaisanterie de ses ennemis ; ce qu'il y a de certain, c'est que le gouver-

nement de Tours se sauve à Bordeaux : c'est le
cinquième acte qui commence. Le public va
bientôt apprécier ; la panique continue. Maurice
va aux nouvelles pour savoir s'il faut faire partir
la famille. Nous avons des voisins qui font leurs
paquets, mais c'est trop tôt ; nos mobiles sont
toujours à Châteauroux sans armes et sans aucun
commencement d'instruction ; on ne les y lais-
serait pas, si l'ennemi venait droit sur eux, à
moins qu'on ne les oublie, ce qui est fort possible. Les nouvelles de Paris sont très-alarmantes,
ils ont dû repasser la Marne ; que peuvent-ils
faire, si nous ne faisons rien ?

12 décembre.

Dégel. Après tant de neige, c'est un océan de
boue. Autre lit pour nos soldats !

13.

La panique reprend et redouble autour de
nous. Depuis que nous sommes personnellement

menacés, nous sommes moins agités, je ne sais pourquoi. Je tiens à achever un travail auquel je n'avais pas l'esprit ces jours-ci, et qui s'éclaircit à mesure que je compte les heures qui me restent. Tout le monde est soldat à sa manière ; je suis, à la tête de mon encrier, de ma plume, de mon papier et de ma lampe, comme un pauvre caporal rassemblant ses quatre hommes à l'arrière-garde. — Les Prussiens ont occupé Vierzon sans faire de mal ; ils y ont vendu des cochons volés ; ils entendent le commerce. Le général Chanzy se bat vigoureusement du côté de Blois, cela paraît certain. Châteauroux est encombré de fuyards dans un état déplorable. Les Prussiens n'auraient fait que traverser Rouen. Le gouvernement est à Bordeaux.

14 décembre.

On dit que l'ennemi est en route en partie sur Bourges, et que de l'autre côté il bombarde Blois. Les Prussiens paraissent vouloir descendre la

Loire jusqu'à Nevers, traverser le centre pour se
reformer à Poitiers, c'est-à-dire envahir une
nouvelle zone entre le Midi et Paris. Nous devons
avoir eu encore une grosse défaite entre Vierzon
et Issoudun; on n'en parle pas, mais il y a tant
de fuyards et dans un tel état d'indiscipline qu'on
suppose un nouveau malheur. Nous sommes
sans journaux et sans dépêches; le gouvernement est en voyage. Ce soir, un journal nous
arrive de Bordeaux; il ne nous parle que de l'ins-
tallation de ces messieurs.

15.

Nous aurions repris Vierzon; mais qu'en
sait-on? De Blois, on ne sait rien. Le général
Chanzy donne encore de l'espérance. Il paraît
être résolu, bien armé et avoir de bonnes troupes.
Bourbaki serait à Bourges, occupé à rallier les
fuyards du corps d'armée du centre de la Loire:
On dit qu'ils ont tellement ravagé la campagne
qu'il ne reste plus un arbre autour de Bourges.
C'était un riche pays maraîcher; espaliers et lé-

gumes seraient rasés comme par le feu. On annonce ce soir que Bourbaki est reparti avec cette
armée reformée à la hâte et sans résistance. Ils
veulent bien se battre, ces pauvres troupiers, ils
veulent surtout se battre. Ce qu'ils ne supportent
pas, ce que les Prussiens les plus soumis ne
supporteraient pas mieux, c'est la famine, la
misère, la cruauté du régime qu'on leur impose.
— Au lieu de se rapprocher de Paris, Bourbaki
aurait l'intention d'aller *couper la retraite* aux
Prussiens vers la frontière. Seraient-ils en retraite? Et on nous le cacherait ! Il y a dans l'atroce
drame qui se joue l'élément burlesque obligé.

Passage de M. Cathelineau à Châteauroux à la
tête d'un beau corps de francs-tireurs qui disent
leurs prières devant les populations, bien qu'ils
ne soient ni Vendéens ni Bretons, et qu'ils ne se
soient pas encore battus.

16.

Calme plat, silence absolu. Le repos est dans
l'air. Le temps est rose et gris, les blés poussent

à perte de vue. Il ne passe personne, on ne voit pas une poule dans les champs. Cette tranquillité extraordinaire nous frappe tellement que nous nous demandons si la guerre est finie, s'il y a eu guerre, si nous ne rêvons pas depuis quatre mois. — Nous serons peut-être envahis demain.

Ce soir, une petite dépêche. Romorantin a été traversé et rançonné. Nos mobiles ont donné dans une escarmouche et tiré quelques coups de fusil.

17 décembre.

Un mot d'Alexandre Dumas pour m'apprendre la mort de son père. Il était le génie de la vie, il n'a pas senti la mort. Il n'a peut-être pas su que l'ennemi était à sa porte et assistait à sa dernière heure, car on dit que Dieppe est occupé. — Absence totale de nouvelles. A la Châtre, on est consterné, on croit avoir entendu le canon hier dans la soirée. Dans la campagne, on l'a entendu aussi. Je crois que ç'a dû être un tonnerre

sourd, le ciel était noir comme de l'encre. Il a
passé dans la nuit environ trois mille déserteurs
de toutes armes. Ils ont couché emmi les
champs, jetant leurs fusils, leurs bidons, et en-
voyant paître leurs officiers.

18.

Même absence de nouvelles officielles. Le gouvernement s'installe à Bordeaux. Chanzy tenait
encore il y a trois jours autour de Vendôme,
battant fort bien les Prussiens, à ce qu'on assure
et ceci paraît sérieux. Le sous-préfet d'Issoudun
a fait savoir que Vierzon était occupé pour la
troisième fois par l'ennemi. Bourbaki se serait
replié sur Issoudun, renonçant à défendre le
centre et se portant sur l'est. De toute façon,
l'ennemi est fort près de nous. On s'y habitue,
bien qu'on n'ait pas la consolation de pouvoir
lui opposer la moindre résistance. Il passera ici
comme un coup de vent sur un étang. Je regarde
mon jardin en attendant qu'on mette les arbres

la racine en l'air, je dîne en attendant que nous n'ayons plus de pain, je joue avec mes enfants en attendant que nous les emportions sur nos épaules, car on réquisitionne les chevaux, même les plus nécessaires, et je travaille en attendant que mes griffonnages allument les pipes de ces bons Prussiens.

19.

Le temps se remet au froid. Pas plus de nouvelles qu'auparavant. Un journal insinue qu'il se passe de *grandes choses* : c'est bien mauvais signe! Toute la Normandie est envahie. Ils ont ravagé le plus beau pays de France. La Touraine est de plus en plus menacée. Il est difficile de se persuader que tout aille bien.

20.

Même silence. Nous sommes si inquiets que nous lirions de l'*officiel* avec plaisir. Sommes-nous perdus, qu'on ne trouve rien à dire?

21 décembre.

On parle de nouveaux troubles à Paris. Le parti de la Commune songe-t-il encore à ses affaires au milieu de l'agonie de la France? Il paraît que sa doctrine est de s'emparer du pouvoir de vive force. La dictature est la furie du moment, et jamais la pitoyable impuissance des pouvoirs sans contrôle n'a été mieux démontrée. S'il nous faut en essayer de nouveaux, la France se fâchera ; elle garde le silence sombre des explosions prochaines. Ce qui résulte des mouvements de Belleville, — on les appelle ainsi, — c'est qu'une école très-pressée de régner à son tour nous menace de nouvelles aventures. Ces expériences coûtent trop cher. La France n'en veut plus. Elle prouve, par une patience vraiment admirable, qu'elle réprouve la guerre civile : elle sait aussi qu'il n'y en aura pas, parce qu'elle *ne le veut pas* ; mais aux premières élections elle brisera les républicains ambitieux, et

peut-être, hélas! la république avec eux. En tout
cas, elle n'admettra plus de gouvernement con-
quis à coups de fusil, pas plus de 2 décembre
que de 31 octobre. C'est se faire trop d'illusions
que de se croire maîtres d'une nation comme la
nôtre parce qu'on a enfoncé par surprise les
portes de l'Hôtel-de-Ville et insulté lâchement
quelques hommes sans défense. Je ne connais
pas les théories de la Commune moderne, je ne
les vois exposées nulle part; mais si elles doivent s'imposer par un coup de main, fussent-elles
la panacée sociale, je les condamne au nom de
tout ce qui est humain, patient, indulgent même
mais jaloux de liberté et résolu à mourir plutôt
que d'être converti de force à une doctrine,
quelle qu'elle soit.

Le mépris des masses, voilà le malheur et le
crime du moment. Je ne puis guère me faire une
opinion nette sur ce qui se passe aujourd'hui
dans ce monde fermé qui s'appelle Paris; il nous
paraît encore supérieur à la tourmente. Nous
ignorons s'il est content de ses mandataires.

Toutes les lettres que nous en recevons sont exclusivement patriotiques. Si quelque plainte s'échappe, c'est celle d'être gouverné trop mollement. C'est un malheur sans doute, mais on ne peut se défendre de respecter une dictature scrupuleuse, humaine et patiente. Il est si facile d'être absolu, si rare et si malaisé d'être doux dans une situation violente et menacée ! Je crois encore ce gouvernement composé d'hommes de bien. Ont-ils l'habileté, la science pratique? On le saura plus tard ; à présent nous ne voulons pas les juger, c'est un sentiment général. La crise atroce qu'ils subissent nous les rend sacrés. D'ailleurs il me semble qu'ils professent avec nous le respect de la volonté générale, puisque après l'émeute ils ont soumis leur réélection au plébiscite de Paris. C'est aller aussi loin que possible dans cette voie, c'est aller jusqu'au danger de sanctionner tous les autres plébiscites.

Le principe radicalement contraire semble gouverner l'esprit de la Commune, et, symptôme plus grave, plus inquiétant, gouverner l'esprit

du parti républicain qui régit à cette heure le
reste de la France, bien qu'il soit l'ennemi déclaré et très-irrité de la Commune.

Ce parti, que nous pouvons mieux juger,
puisqu'il nous entoure, se sépare chaque jour
ouvertement du peuple, dans les villes parce
que l'ouvrier est plus ardent que lui, dans les
campagnes parce que le paysan l'est moins. Il
est donc forcé de réprimer l'émeute dans les
centres industriels, de redouter et d'ajourner le
vote dans toute la France agricole. Il est con-
traint à se défendre des deux côtés à la fois,
sous peine de tomber et d'abandonner la tâche
qu'il a assumée sur lui de sauver le territoire.
Malheureuse République, c'est trop d'ennemis
sur les bras! Dans quel jour d'ivresse nous
t'avons saluée comme la force virile d'une nation
en danger! Nous ne pouvions prévoir que tu
essayerais de te passer de la sanction du peuple
ou que tu te verrais forcée de t'en passer. — Ce
qui est certain aujourd'hui, c'est que la délégation et ses amis personnels désirent s'en passer,

et qu'ils y travailleront au lendemain de la pacification, quelle qu'elle soit.

Puissé-je faire un mauvais rêve ! mais je vois reparaître sans modification les théories d'il y a vingt ans. Des théories qui ne cèdent rien à l'épreuve du temps et de l'expérience sont pleines de dangers. S'il est vrai que le progrès doive s'accomplir par l'initiative de quelques-uns, s'il est vrai qu'il parte infailliblement du sein des minorités, il n'en est pas moins vrai que la violence est le moyen le plus sauvage et le moins sûr pour l'imposer. Que les majorités soient généralement aveugles, nul n'en doute ; mais qu'il faille les opprimer pour les empêcher d'être oppressives, c'est ce que je ne comprends plus. Outre que cela me paraît chimérique, je crois voir là un sophisme effrayant ; tout ce que, depuis le commencement du rôle de la pensée dans l'histoire du monde, la liberté a inspiré à ses adeptes pour flétrir la tyrannie, on peut le retourner contre ce sophisme. Aucune tyrannie ne peut être légitime, pas même celle de l'idéal.

On sait des gens qui se croient capables de gouverner le monde mieux que tout le monde, et qui ne craindraient pas de passer par-dessus un massacre pour s'emparer du pouvoir. Ils sont pourtant très-doux dans leurs mœurs et incapables de massacrer en personne, mais ils chauffent le tempérament irascible d'un groupe plus ou moins redoutable, et se tiennent prêts à profiter de son audace. Je ne parle pas de ceux qui sont poussés à jouer ce rôle par ambition, vengeance ou cupidité. De ceux-là, je ne m'occupe pas ; mais de très-sincères théoriciens accepteraient les conséquences de ce dilemme : « la république ne pouvant s'établir que par la dictature, tous les moyens sont bons pour s'emparer de la dictature quand on veut avec passion fonder ou sauver la république. »

— C'est une passion sainte, ajoutent-ils, c'est le feu sacré, c'est le patriotisme, c'est la volonté féconde sans laquelle l'humanité se traînera éternellement dans toutes les erreurs, dans toutes les iniquités, dans toutes les bassesses.

Le salut est dans nos mains; périsse la liberté du moment pour assurer l'égalité et la fraternité dans l'avenir! Égorgeons notre mère pour lui infuser un nouveau sang!

Cela est très-beau selon vous, gens de tête et main, mais cela répugnera toujours aux gens de cœur; en outre cela est impraticable. On ne fait pas revivre ce qu'on a tué, et le peuple d'aujourd'hui, fils de la liberté, n'est pas disposé à laisser consommer le parricide. D'ailleurs cette théorie n'est pas neuve; elle a servi, elle peut toujours servir à tous les prétendants : il ne s'agit que de changer certains mots et d'invoquer comme but suprême le bonheur et la gloire des peuples; mais, comme malgré tout le seul prétendant légitime, c'est la république, que n'eussions-nous pas donné pour qu'elle fût le sauveur! Il y avait bien des chances pour qu'elle le fût en s'appuyant sur le vote de la France. La France dira un jour à ces hommes malheureux qu'ils ont eu tort de douter d'elle, et qu'il eût fallu saisir son heure. Ils l'ont condamnée sans l'entendre, ils l'ont blessée ; s'ils succombent, elle les abandonnera, peut-être avec un excès d'ingratitude : les revers ont toujours engendré l'injustice.

Mon appréciation n'est sans doute pas sans réplique. Quand l'histoire de ces jours confus se fera, peut-être verrons-nous que la république a subi une fatalité plutôt qu'obéi à une théorie. L'absence de communication matérielle entre Paris et la France nous a interdit aux uns et aux autres de nous mettre en communication d'idées ; probablement le gouvernement de Paris a été mal renseigné par celui de Tours, parce que celui de Tours a été mal éclairé par son entourage. En septembre, on était très-patriote dans la région intermédiaire de l'opinion, et c'est toujours là qu'est le nombre. Malheureusement autour des pouvoirs nouveaux il y a toujours un attroupement d'ambitions personnelles et de prétendues capacités qui obstrue l'air et la lumière. Le parti républicain est spécialement exposé aux illusions d'un entourage qui dégé-

12.

nère vite en camaraderie bruyante, et tout d'un
coup la bohème y pénètre et l'envahit. La
bohème n'a pas d'intérêt à voir s'organiser la
défense ; elle n'a pas d'avenir, elle n'est point
pillarde par nature, elle profite du moment, ne
met rien dans ses poches, mais gaspille le temps
et trouble la lucidité des hommes d'action.

Que l'ajournement indéfini du vote soit une
faute volontaire ou inévitable, la théorie qui
consiste à s'en passer ou à le mutiler règne en
fait et subsiste en réalité. Sera-t-elle exposée
catégoriquement quand nous aurons repris possession de nous-mêmes ? Professée dans des clubs
qui souvent sont des coteries, elle n'a pas de
valeur, il lui faut la grande lumière; sera-t-elle
posée dans des journaux, discutée dans des assemblées ? — Il faudra bien l'aborder d'une manière ou de l'autre, ou elle doit s'attendre à être
persécutée comme une doctrine ésotérique, et
si elle a des adeptes de valeur, ils se devront à
eux-mêmes de ne pas la tenir secrète. Peut-être
des journaux de Paris qu'il ne nous est pas

donné de lire ont-ils déjà démasqué leurs batteries.

Qui répondra à l'attaque? Les partisans du droit divin plaideront-ils la cause du droit populaire? Ils en sont bien capables, mais l'oseront-ils? Les orléanistes, qui sont en grande force par leur tenue, leur entente et leur patiente habileté, accepteront-ils cette épreuve du suffrage universel pour base de leurs projets, eux qui ont été renversés par la théorie du droit sans restriction et sans catégories? On verra alors s'ils ont marché avec le temps. Malheureusement, s'ils sont conséquents avec eux-mêmes, ils devront vouloir épurer le régime parlementaire et rétablir le cens électoral. Les républicains qui placent leur principe au-dessus du consentement des nations se trouveraient donc donner la main aux orléanistes et aux cléricaux? Le principe contraire serait donc confié à la défense des bonapartistes exclusivement? Il ne faudrait pourtant pas qu'il en fût ainsi, car le bonapartisme a abusé du peuple après l'avoir

abusé, et c'est à lui le premier qu'était réservé
le châtiment inévitable de s'égarer lui-même
après avoir égaré les autres. Il pouvait fonder
sur la presque unanimité des suffrages une société nouvelle vraiment grande. Il a fait fausse
route dès le début, la France l'a suivi, elle s'est
brisée. Serait-elle assez aveugle pour recommencer?

Ceux qui croient la France radicalement
souillée pensent qu'on peut la ressaisir par la
corruption. J'ai meilleure opinion de la France,
et si je me méfiais d'elle à ce point, je ne voudrais pas lui faire l'honneur de lui offrir la république. J'ai entendu dire par des hommes
prêts à accepter des fontions républicaines :

— Nous sommes une nation *pourrie*. Il faut
que l'invasion passe sur nous, que nous soyons
écrasés, ruinés, anéantis dans tous nos intérêts,
dans toutes nos affections; nous nous relèverons alors! le désespoir nous aura retrempés,
nous chasserons l'étranger et nous créerons chez
nous l'idéal.

C'était le cri de douleur d'hommes très-géné-
reux, mais quand cette conviction passe à l'état
de doctrine, elle fait frissonner. C'est toujours le
projet d'égorger la mère pour la rajeunir. Grâce
au ciel, le fanatisme ne sauve rien, et l'alchimie
politique ne persuade personne. Non, la France
n'est pas méprisable parce que vous la méprisez;
vous devriez croire en elle, y croire fermement,
vous qui prétendez diriger ses forces. Vous vous
présentez comme médecins, et vous crachez sur
le malade avant même de lui avoir tâté le pouls.
Tout cela, c'est le vertige de la chute. Il y a
bien de quoi égarer les cerveaux les plus solides,
mais tâchons de nous défendre et de nous
ressaisir. Républicains, n'abandonnons pas aux
partisans de l'Empire la défense du principe
d'affranchissement proclamé par nous, exploité
par eux; ne maudissons pas l'enfant que nous
avons mis au monde, parce qu'il a agi en enfant.
Redressez ses erreurs, faites-les lui comprendre,
vous qui avez le don de la parole, la science des
faits, le sens de la vie pratique. Ce n'est pas aux

artistes et aux rêveurs de vous dire comment on influence ses contemporains dans le sens politique. Les rêveurs et les artistes n'ont à vous offrir que l'impressionnabilité de leur nature, certaine délicatesse d'oreille qui se révolte quand vous touchez à faux l'instrument qui parle aux âmes. Nous n'espérons pas renverser des théories qui ne sont pas les nôtres, qui se piquent d'être mieux établies ; mais nous nous croyons en rapport, à travers le temps et l'espace, avec une foule de bonnes volontés qui interrogent leur conscience et qui cherchent sincèrement à se mettre d'accord avec elle. Ces volontés-là défendront la cause du peuple, le suffrage universel ; elles chercheront avec vous le moyen de l'éclairer, de lui faire comprendre que l'intérêt de tous ne se sépare pas de l'intérêt de chacun. N'y a-t-il pas des moyens efficaces et prompts pour arriver à ce but ? Certes vous eussiez dû commencer par donner l'éducation, mais peut-être l'ignorant l'eût-il refusée. Il ne tenait pas à son vote alors, et quand on lui disait qu'il en

serait privé s'il ne faisait pas instruire ses enfants, il répondait :

— Peu m'importe.

Aujourd'hui ce n'est plus de même, le dernier
paysan est jaloux de son droit et dit :

— Si on nous refuse le vote, nous refuserons
l'impôt.

C'est un grand pas de fait. Donnez-lui l'instruction, il est temps. Fondez une véritable république, une liberté sincère, sans arrière-
pensée, sans récrimination surtout. Ne mettez
aucun genre d'entrave à la pensée, décrétez en
quelque sorte l'idéal, dites sans crainte qu'il est
au-dessus de tout; mais entendez-vous bien sur
ce mot *au-dessus*, et ne lui donnez pas un sens
arbitraire. La république est au-dessus du suffrage universel uniquement pour l'inspirer; elle
doit être la région pure où s'élabore le progrès,
elle doit avoir pour moyens d'application le
respect de la liberté et l'amour de l'égalité, elle
n'en peut avouer d'autres, elle n'en doit pas
admettre d'autres. Si elle cherche dans la cons-

piration, dans la surprise, dans le coup d'Etat ou
le coup de main, dans la guerre civile en un
mot, l'instrument de son triomphe, elle va dis-
paraître pour longtemps encore, et les hommes
égarés qui l'auront perdue ne la relèveront
jamais.

Il en coûte à l'orgueil des sectaires de se sou-
mettre au contrôle du gros bon sens populaire.
Ils ont généralement l'imagination vive, l'espérance obstinée. Ils ont généralement autour
d'eux une coterie ou une petite église qu'ils
prennent pour l'univers, et qui ne leur
permet pas de voir et d'entendre ce qui se
passe, ce qui se dit et se pense de l'autre
côté de leur mur. La plaie qui ronge les
cours, la courtisanerie les porte fatalement à
une sorte d'insanité mentale. L'enthousiasme
prédomine, et le jugement se trouble. Cette
courtisanerie est d'autant plus funeste qu'elle est
la plupart du temps désintéressée et sincère. J'ai
travaillé toute ma vie à être modeste; je déclare
que je ne voudrais pas vivre quinze jours entourée

de quinze personnes persuadées que je ne peux pas me tromper. J'arriverais peut-être à me le persuader à moi-même.

La contradiction est donc nécessaire à la raison humaine, et quand une de nos facultés étouffe les autres, il n'y a qu'un remède pour nous remettre en équilibre, c'est qu'au nom d'une faculté opposée nous soyons contenus, corrigés au besoin. La grandeur, la beauté, le charme de la France, c'est l'imagination; c'est par conséquent son plus grand péril, la cause de ses excès, de ses déchirements et de ses chutes. Quand nous avons demandé avec passion le suffrage universel, qui est vraiment un idéal d'égalité, nous avons obéi à l'imagination, nous avons acclamé cet idéal sans rien prévoir des lourdes réalités qui allaient le tourner contre nos doctrines; ce fut notre nuit du 4 août. Il s'est mis tout d'un coup à représenter l'égoïsme et la peur; il a proclamé l'empire pour se débarrasser de l'anarchie dont nos dissentiments le menaçaient. Il n'a pas voulu limiter le pouvoir auquel il se

13

livrait; tout au contraire il l'a exagéré jusqu'à lui donner un blanc-seing pour toutes les erreurs où il pourrait tomber. Cet aveuglement qui vous irrite aujourd'hui, c'est pourtant la preuve d'une docilité que la république sera heureuse de rencontrer quand elle sera dans le vrai.

Avons-nous d'ailleurs le droit de dire que les masses veulent toujours, obstinément et sans exception, le repos à tout prix ? La guerre d'Italie, cette généreuse aventure que nous payons si cher aujourd'hui, ne l'a-t-il pas consentie sans hésitation, n'a-t-il pas donné des flots de sang pour la délivrance de ce peuple qui ne peut nous en récompenser, et qui d'ailleurs ne s'en soucie pas ? Les masses qui, par confiance ou par engouement, font de pareils sacrifices, de si coûteuses imprudences, ne sont donc pas si abruties et si rebelles à l'enthousiasme. Ce reste d'attachement légendaire pour une dynastie dont le chef lui avait donné tant de fausse gloire et fait tant de mal réel n'est-il pas encore une preuve de la bonté et de la générosité du peuple ? Mau-

dire le peuple, c'est vraiment blasphémer. Il
vaut mieux que nous.

En ce moment, j'en conviens, il ne représente
pas l'héroïsme, il aspire à la paix; il voit sans
illusion les chances d'une guerre où nous
paraissons devoir succomber. Il n'est pas en
train de comprendre la gloire; sur quelques
points, il trahit même le patriotisme. Il aurait
bien des excuses à faire valoir là où l'indiscipline des troupes et les exactions des corps
francs lui ont rendu la défense aussi préjudi-
ciable et plus irritante que l'invasion. Entre
deux fléaux, le malheureux paysan a dû chercher quelquefois le moindre sans le trouver.

Généralement il blâme l'obstination que nous
mettons à sauver l'honneur; il voudrait que
Paris eût déjà capitulé, il voit dans le patriotisme l'obstacle à la paix. Si nous étions aussi
foulés, aussi à bout de ressources que lui, le patriotisme nous serait peut-être passablement difficile. Là où l'honneur résiste à des épreuves
pareilles à celles du paysan, il est sublime.

Pauvre Jacques Bonhomme ! à cette heure de détresse et d'épuisement, tu es certainement en révolte contre l'enthousiasme, et, si l'on t'appelait à voter aujourd'hui, tu ne voterais ni pour l'empire, qui a entamé la guerre, ni pour la république, qui l'a prolongée. T'accuse et te méprise qui voudra. Je te plains, moi, et en dépit de tes fautes je t'aimerai toujours ! Je n'oublierai jamais mon enfance endormie sur tes épaules, cette enfance qui te fut pour ainsi dire abandonnée et qui te suivit partout, aux champs, à l'étable, à la chaumière. Ils sont tous morts, ces bons vieux qui m'ont portée dans leurs bras, mais je me les rappelle bien, et j'apprécie aujourd'hui jusqu'au moindre détail la chasteté, la douceur, la patience, l'enjouement, la poésie, qui présidèrent à cette éducation rustique au milieu de désastres semblables à ceux que nous subissons aujourd'hui. J'ai trouvé plus tard, dans des circonstances difficiles, de la sécheresse et de l'ingratitude. J'en ai trouvé partout ailleurs et plus choquantes, moins pardonnables ! J'ai par-

donné à tous et toujours. Pourquoi donc bou-
derais-je le paysan parce qu'il ne sent pas et ne
pense pas comme moi sur certaines choses ? Il
en est d'autres essentielles sur lesquelles on est
toujours d'accord avec lui, la probité et la cha-
rité, deux vertus qu'autour de moi je n'ai jamais
vues s'obscurcir que rarement et très-exception-
nellement. Et quand il en serait autrement,
quand au fond de nos campagnes, où la corruption n'a guère pénétré, le paysan mériterait tous
les reproches qu'une aristocratie intellectuelle
trop exigeante lui adresse, ne serait-il pas inno-
centé par l'état d'enfance où on l'a systématiquement tenu ? Quand on compare le budget de
la guerre à celui de l'instruction publique, on
n'a vraiment pas le droit de se plaindre du paysan, quoi qu'il fasse.

22 décembre.

Froid, neige et verglas, c'est-à-dire torture ou
mort pour ceux qui n'ont pas d'abri, peut-être

pour les pauvres de Paris, car on dit que le
combustible va manquer. — On déménage Bourges de son matériel. — Petits combats dans la
Bourgogne. Garibaldi est là et annonce sa démission. Je m'étonne qu'il ne l'ait pas déjà
donnée, car, s'il y a des héros dans ces corps de
volontaires, il y a aussi, et malheureusement en
grand nombre, d'insignes, bandits qui sont la
honte et le scandale de cette guerre. — Toujours
sans nouvelles de nos armées, tranquillité mor-
telle!

23, 24 décembre.

Depuis deux jours, bonnes nouvelles de Paris,
de l'armée du Nord et de celle de la Loire. On
est si malheureux, on voit un si effroyable gas-
pillage d'hommes et d'argent, qu'on doute de ce
qui devrait réjouir. Quelle triste veillée de Noël!
Je fais des robes de poupée et des jouets pour
le réveil de mes petites-filles. On n'a plus le
moyen de leur faire de brillantes surprises, et

l'arbre de Noël des autres années exige une fraîcheur de gaieté que nous n'avons plus. Je taille et je couds toute la nuit pour que le père Noël ne passe pas sur leur sommeil de minuit les mains vides. Nous étions encore si heureux l'année dernière! Nos meilleurs amis étaient là, on soupait ensemble, on riait, on s'aimait. Si quelqu'un eût pu lire dans un avenir si proche et le prédire, c'eût été comme la foudre tombant sur la table.

25. dimanche.

La neige tombe à flots. Ma nièce et son fils aîné viennent dîner, on tâche de se distraire, puisque les bonnes nouvelles ne sont pas encore démenties ou suivies de malheurs nouveaux; mais on retombe toujours dans l'effroi du lendemain.

26.

Les communications sont rétablies entre Vierzon et Châteauroux. On saura peut-être enfin ce qui s'est passé par là.

27.

On ne le sait pas. Le froid augmente.

28.

Lettre de Paris du 22. Ils disent qu'ils peuvent manger du cheval pendant quarante-cinq jours encore.

29 décembre.

Il paraît; on assure, on nous annonce sous toutes réserves, — c'est toujours la même chose. Les journaux en disent trop ou pas assez. Ils ne nous rassurent pas, et ce qu'ils donnent à entendre suffit pour mettre l'ennemi au courant de tous nos mouvements. Le combat de Nuits a été sérieux, sans résultats importants, —comme tous les autres !

30.

Les dépêches sont plus affirmatives que jamais. L'ennemi paraît reculer ; je crois qu'il se concentre sur Paris. Il est évident que, sur plusieurs points, malgré nos atroces souffrances, nous nous battons bien. Là où le courage peut quelque chose, nous pouvons beaucoup ; mais en dehors des nouvelles officielles il y a l'histoire intime qui se communique de bouche en bouche, et qui nous révèle des dilapidations épouvantables au préjudice de nos troupes. Il est impossible que nous triomphions, impossible !

Savoir cela, le sentir jusqu'à l'évidence, et apprendre que les Prussiens vont peut-être bombarder Paris ! Ils ont, dit-on, démasqué des batteries sur l'enceinte — *avec pertes considé-*

rables, dit succinctement la dépêche. Pertes
pour qui?

31 décembre 1870.

Toujours froid glacial. Nous sommes surpris
par la visite de notre ami Sigismond avec son
fils. Ils n'ont pas plus d'illusions que nous, et
nous nous quittons en disant :

— Tout est perdu!

A minuit, j'embrasse mes enfants. Nous sommes encore vivants, encore ensemble. L'exé-
crable année est finie; mais, selon toute apparence, nous entrons dans une pire.

Il est pourtant impossible que tant de malheur
ne nous laisse pas quelque profit moral. Pour
mon compte, je sens que mon esprit a fait un
immense voyage. J'ignore encore ce qu'il y aura
gagné; mais je ne crois pas qu'il y ait perdu
absolument son temps. Il a été obligé de faire de
grands efforts pour se déprendre de certaines
ardeurs d'espérance; il en a eu de plus grands

encore à faire pour conserver des croyances
dont l'application était un cruel démenti à la vérité. Il n'érigera point en système à son usage
ce qu'il a senti se dégager de vrai au milieu
de ses angoisses. Il voyagera au jour le jour,
comme il a toujours fait. Il regardera toujours
avidement, peut-être verra-t-il mieux.

Il m'en a coûté des larmes, je l'avoue, pour
reconnaître que, dans cet élan républicain qui
nous avait enivrés, il n'y avait pas assez d'éléments d'ordre et de force. Il eût fallu le savoir,
consentir à se juger soi-même et demander la
paix avec moins de confiance dans la guerre.
L'erreur funeste a été de croire que notre courage et notre dévouement suffiraient là où il fallait le sens profond de la vie pratique. Nous ne
l'avons pas eu, le gouvernement de Paris n'a pas
pu diriger la France ; ses délégués ne l'ont pas su.
La France est devenue la proie de spéculations
monstrueuses en même temps que l'armée en
est la victime. Toute la science politique consis-
tait à distinguer, entre tant de dévouements qui

s'offraient, les boucs d'avec les brebis. Ceci dé-
passait les forces de deux vieillards, — hommes
d'honneur à coup sûr, mais débordés et abusés
dès les premiers jours, — et celles d'un jeune
homme sans expérience de la vie politique et
sans sagesse suffisante pour se méfier de lui-
même.

Tout serait pardonnable et déjà pardonné,
malgré ce qu'il nous en coûte, si la résolution
de n'en pas appeler à la France n'avait prévalu.
Il s'est produit sourdement et il se produit aujourd'hui ouvertement une résistance à notre
consentement qui nous autorise à de suprêmes
exigences. Nous voulons qu'on s'avoue incapable
ou qu'on nous sauve. Nous continuons nos sacrifices, nous étouffons nos indignations contre
une multitude d'infamies autorisées ou tolérées,
nous engageons le peuple à attendre, à subir, à
espérer encore; mais tout empire, et le ton du
parti qui s'impose devient rogue et menaçant.

C'est le commencement d'une fin misérable
dont nous payerons le dommage. La délégation

dictatoriale va finir comme a fini celle de l'Empire. La vraie république sauvera-t-elle son principe à travers ce cataclysme? — Je le sauve dans
ma conscience et dans mon âme; mais je ne puis
répondre que de moi.

Le roi Guillaume va sans doute écrire une
belle lettre de jour de l'an à sa femme. Rien de
mieux; mais pourquoi les journaux allemands
reproduisent-ils avec enthousiasme ce que le roi
dit à la reine, ce que la reine dit au roi? C'est
pour l'édification de la *chrétienté* sans doute,
les rois sont si pieux! Ils remercient Dieu si
humblement de tout le sang qu'ils font répandre,
de toutes les villes qu'ils brûlent ou bombardent,
de tous les pillages commis en leur nom! Ils
vont rétablir en Allemagne le culte des saints.
J'imagine que saint Shylock et saint Mandrin
seront destinés à fêter la campagne de France et
le bombardement de Paris.

Nohant, 1er janvier 1871.

Pas trop battus aujourd'hui; on se défend bien autour de Paris, Chanzy tient bon et fera, dit-on, sa jonction avec Faidherbe, que je sais être un homme de grand mérite. Bourbaki dispose de forces considérables. On se permet un jour d'espérance! C'est peut-être le besoin qu'on a de respirer; mais que peuvent d'héroïques efforts, si *les causes profondes d'insuccès* que personne n'ignore et que nul n'ose dire augmentent chaque jour? — *Et elles augmentent!*

Pour mes étrennes, Aurore me fait une surprise; elle me chante une romance que sa mère lui accompagne au piano, et elle la chante très-bien. Que c'est joli, cette voix de cinq ans!

2 janvier.

On nous dit ce matin qu'une dépêche de M. Gambetta est dans les mains de l'imprimeur, qu'elle est très-longue et contient des nouvelles importantes. Nous l'attendons avec impatience, lui faisant grâce de beaucoup de lieux communs, pourvu qu'il nous annonce une victoire ou d'utiles réformes. Hélas! c'est un discours qu'il a prononcé à Bordeaux et qu'il nous envoie comme étrennes. Ce discours est vide et froid. Il y a bien peu d'orateurs qui supportent la lecture. L'avocat est comme le comédien, il peut vous émouvoir, vous exalter même avec un texte banal. Il faut croire que M. Gambetta est un grand acteur, car il est un écrivain bien médiocre.

Les nouvelles verbales ou par lettres sont déplorables.

4 janvier,

Lettre de Paris. — *Nous voulons bien mourir, surtout mourir,* disent-ils. Ce peu de mots en dit beaucoup : ils sont désespérés!... comme nous.

5 janvier.

Plus de nouvelles du tout. On nous annonce
que pendant douze jours il n'y aura plus de
communications à cause d'un grand mouvement
de troupes. Nous allons donc voir des prodiges
d'activité bien entendue? Il serait temps. — Histoire non officielle, c'est maintenant la seule qui
soit vraie : le général Bourbaki a refusé la direction militaire de la dictature et déclaré qu'il
voulait agir librement ou se retirer.

6 janvier.

Échec à Bourgtheroulde. C'est près de Jumié-
ges. Ont-ils ravagé l'intéressante demeure et le
musée de nos amis Cointet? Les barbares res-
pecteront-ils les ruines historiques?

7.

Depuis douze jours, on bombarde Paris. Le
sacrilége s'accomplit. La barbarie poursuit son

œuvre : jusqu'ici elle est impuissante; mais ils se rapprocheront du but. Ils sont les plus forts, et la France est ruinée, pillée, ravagée à la fois par l'ennemi implacable et les *amis* funestes.

8.

Tempête de neige qui nous force d'allumer à deux heures pour travailler. Toujours des combats partiels; l'ennemi ne s'étend pas impunément. Les soldats que les blessures ou les maladies nous ramènent nous disent que le Prussien *en personne* n'est pas solide et ne leur cause aucune crainte. On court sur lui sans armes, il se laisse prendre armé. Ce qui démoralise nos pauvres hommes, c'est la pluie de projectiles venant de si loin qu'on ne peut ni l'éviter ni la prévoir. Notre artillerie, à nous, ne peut atteindre à grande distance et ne peut tenir de près. Il résulte de tout ce qu'on apprend que la guerre était impossible dès le début, que depuis tout s'est aggravé effroyablement, et qu'aujourd'hui le mal est irréparable. — Pauvre France! il faudrait pourtant ouvrir les yeux et sauver ce qui reste de toi!

Lundi 9.

Neige épaisse, blanche, cristallisée, admirable. Les arbres, les buissons, les moindres broussailles sont des bouquets de diamants : à un moment, tout est bleu. Chère nature, tu es belle en vain! Je te regarde comme te regardent les oiseaux, qui sont tristes parce qu'ils ont froid. Moi, j'ai encore un bon feu qui m'attend dans ma chambre, mais j'ai froid dans le cœur pour ceux qui n'ont pas de feu, et, chose bizarre, mon corps ne se réchauffe pas. Je me brûle les mains en me demandant si je suis morte, et si l'on peut penser et souffrir étant mort.

Rouen se justifie et donne un démenti formel à ceux qui l'ont accusé de s'être vendu. J'en étais sûre !

10 janvier.

C'est l'anniversaire d'Aurore. Sa sœur vient à bout de lui faire un bouquet avec trois fleurettes épargnées par la gelée dans la serre abandonnée. Triste bouquet dans les petites mains roses de Gabrielle! Elles s'embrassent follement, elles s'aiment, elles ne savent pas qu'on peut être malheureux. Nos pauvres enfants! nous tâcherons de vivre pour elles; mais nous ne pourrions plus le leur promettre. Maurice ne veut à aucun prix s'éloigner du danger. Nous y resterons, lui et moi, car je ne veux pas le quitter. Je le lui promets pourtant, mais je ne m'en irai pas. Du moment que cela est décidé avec moi-même, je suis très-calme.

On annonce des victoires sur tous les points. Faut-il encore espérer? Nous le voulons bien, mon Dieu!

Mercredi 11.

La neige est toujours plus belle. Aurore en est très-frappée et voudrait se coucher dedans ! Elle dit qu'elle irait bien avec les soldats pour jouir de ce plaisir-là. Comme l'enfance a des idées cruelles sans le savoir !

Elle entend dire qu'il faudrait cacher ce que l'on a de précieux ; elle passe la journée à cacher ses poupées. Cela devient un jeu qui la passionne.

Jeudi 12.

A présent ils bombardent réellement Paris. Les bombes y arrivent en plein. — Des malades, des femmes, des enfants tués. — Deux mille obus dans la nuit du 9 au 10, — *sans sommation !*

Vendredi 13.

Mauvaises nouvelles de Chanzy. Il a été héroïque et habile, tout l'affirme ; mais il est forcé de battre en retraite.

14.

Un ballon est tombé près de Châteauroux ; les aéronautes ont dit que hier le bombardement s'était ralenti. — Chanzy continue sa retraite.

15 janvier.

Rien, qu'une angoisse à rendre fou !

16.

La peste bovine nous arrive. Plus de marchés. Beaucoup de gens aisés ne savent avec quoi payer les impôts. Les banquiers ne prêtent plus, et les ressources s'épuisent rapidement. La gêne ou la misère est partout. Un de nos amis qu

blâme les retardataires finit par nous avouer que
ses fermiers ne le payent pas, que ses terres lui
coûtent au lieu de lui rapporter, et que s'il n'eût
fait durant la guerre un petit héritage, dont il
mange le capital, il ne pourrait payer le per-
cepteur. Tout le monde n'a pas un héritage à
point nommé. Comme on le mangerait de bon
cœur en ce moment où tant de gens ne mangent
pas !

On admire la belle retraite de Chanzy, mais
c'est une retraite !

17 janvier.

Notre ami Girerd, préfet de Nevers, est des-
titué pour n'avoir pas approuvé la dissolution
des conseils généraux. Il avait demandé au conseil de son département un concours qui lui a
été donné par les hommes de toute opinion avec
un patriotisme inépuisable. Il n'a pas compris
pourquoi il fallait faire un outrage public à des
gens si dévoués et si confiants. On lui a envoyé

sa destitution par télégramme. Il a répondu par télégramme avec beaucoup de douceur et d'esprit :

— Mille remercîments !

Il n'a pas fait d'autre bruit, mais l'opinion lui tiendra compte de la dignité de sa conduite ; ces mesures révolutionnaires sont bien intempestives, et dans l'espèce parfaitement injustes. La délégation est malade, elle entre dans la phase de la méfiance.

Dégel, vent et pluie. Tous les arbustes d'ornement sont gelés. Les blés, si beaux naguère, ont l'air d'être perdus. Encore cela? Pauvre paysan, pauvres nous tous !

Nous avons des nouvelles du camp de Nevers, qui a coûté tant de travail et d'argent. Il n'a qu'un défaut, c'est qu'il n'existe pas. Comme celui d'Orléans, il était dans une situation impossible. On en fait un nouveau, on dépense encore vingt-cinq millions pour acheter un terrain, le plus cher et le plus productif du pays. Le général, l'état-major, les médecins sont là, logés dans les châteaux du pays ; mais il n'y a pas de soldats, ou il y en a si peu qu'on se demande à quoi sert ce camp. Les officiers sont dévorés d'ennui et d'impatience. Il y a tantôt trois mois que cela dure.

18.

Le bombardement de Paris continue ; on a le cœur si serré qu'on n'en parle pas, même en famille. Il y a de ces douleurs qui ne laissent pas de place à la réflexion, et qu'aucune parole ne saurait exprimer.

Jules Favre, assistant à l'enterrement de pauvres enfants tués dans Paris par les obus, a dit :

« Nous touchons à la fin de nos épreuves. »

Cette parole n'a pas été dite à la légère par un homme dont la profonde sensibilité nous a frappés depuis le commencement de nos malheurs. Croit-il que Paris peut être délivré ? Qui donc le tromperait avec cette illusion féroce ? ignore-t-il que Chanzy a honorablement perdu la partie, et que Bourbaki, plus près de l'Allemagne que de Paris, se heurte bravement contre l'ennemi et ne l'entame pas ? Je crois plutôt que Jules Favre voit la prochaine nécessité de capituler, et qu'il espère encore une paix honorable.

Ce mot *honorable*, qui est dans toutes les bouches, est, comme dans toutes les circonstances où un mot prend le dessus sur les idées, celui qui a le moins de sens. Nous ne pouvons pas faire une paix qui nous déshonore après une guerre d'extermination acceptée et subie si courageusement depuis cinq mois. Paris bombardé depuis tant de jours et ne voulant pas encore se rendre ne peut pas être déshonoré. Quand même le Prussien cynique y entrerait, la honte serait pour lui seul. La paix, quelle qu'elle soit, sera toujours un hommage rendu à la France, et plus elle sera dure, plus elle marquera la crainte que la France vaincue inspire encore à l'ennemi.

C'est *ruineuse* qu'il faut dire. Ils nous demanderont surtout de l'argent, ils l'aiment avec passion. On parle de trois, de cinq, de sept mil-

11

liards. Nous aimerions mieux en donner dix que
de céder des provinces qui sont devenues notre
chair et notre sang. C'est là où l'on sent qu'une
immense douleur peut nous atteindre. C'est
pour cela que nous n'avons pas reculé devant
une lutte que nous savions impossible, avec
un gouvernement captif et une délégation dé-
bordée ; mais, fallût-il nous voir arracher ces
provinces à la dernière extrémité, nous ne serions pas plus déshonorés que ne l'est le blessé
à qui un boulet a emporté un membre.

Non, à l'heure qu'il est, notre honneur national est sauvé. Que l'on essaye encore pour l'honneur de perdre de nouvelles provinces, que les
généraux continuent le duel pour l'honneur,
c'est une obstination héroïque peut-être, mais
que nous ne pouvons plus approuver, nous qui
savons que tout est perdu. La partie ardente et
généreuse de la France consent encore à souffrir, mais ceux qui répondent de ses destinées
ne peuvent plus ignorer que la désorganisation
est complète, qu'ils ne peuvent plus compter sur

rien. Il le reconnaissent entre eux, à ce qu'on assure.

Les optimistes sont irritants. Ils disent que la guerre commence, que dans six mois nous serons à Berlin ; peut-être s'imaginent-ils que nous y sommes déjà. Pourtant, comme ils disent tous la même chose, dans les mêmes termes, cela ressemble à un mot d'ordre de parti plus qu'à une illusion. Ériger l'illusion en devoir, c'est entendre singulièrement le patriotisme et l'amour de l'humanité. Je ne me crois pas forcée de jouer la comédie de l'espérance, et je plains ceux qui la jouent de bonne foi ; ils auront un dur réveil.

Il serait curieux de savoir par quelle fraction du parti républicain nous sommes gouvernés en ce moment, en d'autres termes à quel parti appartient la dictature des provinces. MM. Crémieux et Glais-Bizoin se sont renfermés jusqu'à présent dans leur rôle de ministres ; je ne les crois pas disposés à d'autres usurpations de pouvoir que celles qui leur seraient imposées par le gouvernement de Paris. Or le gouvernement de Paris paraît très-pressé de se débarrasser de son autorité pour en appeler à celle du pays. Malgré les fautes commises, — l'abandon téméraire des négociations de paix en temps utile, le timide ajournement des élections à l'heure favorable, — on voit percer dans tout ce que l'on sait de sa conduite le sentiment du désintéressement personnel, la crainte de s'ériger en dictature et d'engager l'avenir. La faiblesse que semblent lui reprocher les Parisiens, exaltés par le malheur, est probablement la forme que revêt le profond dégoût d'une trop lourde responsabilité, peut-être aussi une terreur scrupuleuse en face des déchirements que pourrait provoquer une autorité plus accusée. A Bordeaux, il n'en est plus de même. Un homme sans lassitude et sans scrupule dispose de la France. C'est un honnête homme et un homme convaincu, nous le croyons; mais il est jeune, sans expérience, sans aucune science politique ou militaire : l'activité ne supplée pas à la science de l'organisation. On ne peut mieux le définir qu'en disant que c'est un tempérament révolutionnaire. Ce n'est pas assez; toutes les mesures prises par lui sont la preuve d'un manque de jugement qui fait avorter ses efforts et ses intentions.

Ce manque de jugement explique l'absence d'appréciation de soi-même. C'est un grand malheur de se croire propre à une tâche démesurée, quand on eût pu remplir d'une manière utile et brillante un moindre rôle. Il y a eu là un de ces enivrements subits que produisent les crises révolutionnaires, un de ces funestes hasards de situation que subissent les nations mortellement frappées, et qui leur portent le dernier coup; mais à quel parti se rattache ce jeune aventurier politique? Si je ne me trompe, il n'appartient à aucun, ce qui est une preuve d'intelligence et aussi une preuve d'ambition. Il a donné sa confiance, les fonctions publiques et, ce qui est plus grave, les affaires du pays à tous ceux qui sont venus s'offrir, les uns par dévouement sincère, les autres pour satisfaire leurs

14.

mauvaises passions ou pour faire de scandaleux
profits. Il a tout pris au hasard, pensant que tous
les moyens étaient bons pour agiter et réveiller
la France, et qu'il fallait des hommes et de l'argent à tout prix. Il n'a eu aucun discernement
dans ses choix, aucun respect de l'opinion publique, et cela involontairement, j'aime à le
croire, mais aveuglé par le principe « qui veut
la fin veut les moyens. » Il faut être bien enfant
pour ne pas savoir, après tant d'expériences ré-
centes, que les mauvais moyens ne conduisent
jamais qu'à une mauvaise fin. Comme il a cherché à se constituer un parti avec tout ce qui
s'est offert, il serait difficile de dire quelle est
la règle, quel est le système de celui qu'il a
réussi à se faire; mais ce parti existe et fait très-
bon marché des sympathies et de la confiance
du pays. Il y a un parti Gambetta, et ceci est la
plus douloureuse critique qu'on puisse faire
d'une dictature qui n'a réussi qu'à se constituer
un parti très-restreint, quand il fallait obtenir
l'adhésion d'un peuple. On ne fera plus rien en

France avec cette étroitesse de moyens. Quand tous les sentiments sont en effervescence et tous les intérêts en péril, on veut une large application de principes et non le détail journalier d'essais irréfléchis et contradictoires qui caractérise la petite politique. J'espère encore, j'espère pour ma dernière consolation en cette vie que mon pays, en présence de tant de factions qui le divisent, prendra la résolution de n'appartenir à aucune et de rester libre, c'est-à-dire républicain. Il faudra donc que le parti Gambetta se range, comme les autres, à la légalité, au consentement général, ou bien c'est la guerre civile sans frein et sans issue, une série d'agitations et de luttes qui seront très-difficiles à comprendre, car chaque parti a son but personnel, qu'il n'avoue qu'après le succès. Les gens de bonne foi qui ont des principes sincères sont ceux qui comprennent le moins des événements atroces comme ceux des journées de juin. Plus ils sont sages, plus le spectacle de ces délires les déconcerte.

L'opinion républicaine est celle qui compte le plus de partis, ce qui prouve qu'elle est l'opinion la plus générale. Comment faire, quel miracle invoquer pour que ces partis ne se dévorent pas entre eux, et ne provoquent pas des réactions qui tueraient la liberté ? Quel est celui qui a le plus d'avenir et qui pourrait espérer se rallier tous les autres ? C'est celui qui aura la meilleure philosophie, les principes les plus sûrs, les plus humains, les plus larges ; mais le succès lui est promis à une condition, c'est qu'il sera le moins ambitieux de pouvoir personnel, et que nul ne pourra l'accuser de travailler pour lui et ses amis.

Le parti Gambetta ne présente pas ces chances d'avenir, d'abord parce qu'il ne se rattache à aucun corps de doctrines, ensuite parce qu'il s'est recruté indifféremment parmi ce qu'il y a de plus pur et ce qu'il y a de plus taré, et que dès lors les honnêtes gens auront hâte de se séparer des bandits et des escrocs. Ceux-ci disparaîtront quand l'ordre se fera, mais pour reparaître dans les jours d'agitation et se retrouver coude à coude avec les hommes d'honneur, qu'ils traiteront de frères et d'amis, au grand déplaisir de ces derniers. Ces éléments antipathiques que réunissent les situations violentes sont une prompte cause de dégoût et de lassitude pour les hommes qui se respectent. M. Gambetta, honnête homme lui-même, éclairé plus tard par l'expérience de la vie, sera tellement mortifié du noyau qui lui restera, qu'il aura peut-être autant de soif de l'obscurité qu'il en a maintenant de la lumière. En attendant, nous qui subissons le poids de ses fautes et qui le voyons aussi mal renseigné sur les chances d'une *guerre à outrance* que l'était Napoléon III en déclarant cette guerre insensée, nous ne sourions pas à sa fortune présente, et, n'était la politesse, nous ririons au nez de ceux qui s'en font les adorateurs intéressés ou aveugles.

C'est un grand malheur que ce Gambetta ne soit pas un homme pratique, il eût pu acquérir une immense popularité et réunir dans un même

sentiment toutes les nuances si tranchées, si
hostiles les unes aux autres, des partisans de la
république. Au début, nous l'avons tous accueilli
avec cette ingénuité qui caractérise le tempérament national. C'était un homme nouveau, personne ne lui en voulait. On avait besoin de
croire en lui. Il est descendu d'un ballon frisant
les balles ennemies, incident très-dramatique,
propre à frapper l'imagination des paysans. Dans
nos contrées, ils voulaient à peine y croire, tant
ce voyage leur paraissait fantastique; à présent,
le prestige est évanoui. Ils ont ouï dire qu'une
quantité de ballons tombaient de tous côtés, ils
ont reçu par cette voie des nouvelles de leurs
absents, ils ont vu passer dans les airs ces
étranges messagers. Ils se sont dit que beaucoup de Parisiens étaient aussi hardis et aussi
savants que M. Gambetta, ils ont demandé avec
une malignité ingénue s'ils venaient pour le
remplacer. Au début, ils n'ont fait aucune ob-
jection contre lui. Tout le monde croyait à une
éclatante revanche; tout le monde a tout donné.

De son côté le dictateur semblait donner des preuves de savoir-faire en étouffant avec une prudence apparente les insurrections du Midi ; les modérés se réjouissaient, car les modérés ont la haine et la peur des rouges dans des proportions maladives et tant soit peu furieuses. C'est à eux que le vieux Lafayette disait autrefois :

— Messieurs, je vous trouve enragés de modération.

Les modérés gambettistes sont un peu embarrassés aujourd'hui que la dictature commence à casser leurs vitres, le moment étant venu où il faut faire flèche de tout bois. Les rouges d'ailleurs sont dans l'armée comme les légitimistes, comme les cléricaux, comme les orléanistes. Évidemment les rouges sont des hommes comme les autres, ils se battent comme les autres, et il faudra compter avec leur opinion comme avec celle des autres. Ce serait même le moment d'une belle fusion, si, par tempérament, les rouges n'étaient pas irréconciliables avec tout ce qui n'est pas eux-mêmes ; c'est le parti de l'orgueil et de l'infaillibilité. A cet effet, ils ont inventé le mandat impératif que des hommes d'intelligence, Rochefort entre autres, ont cru devoir subir, sans s'apercevoir que c'était la fin de la liberté et l'assassinat de l'intelligence !

Les rouges ! c'est encore un mot vide de sens. Il faut le prendre pour ce qu'il est : un drapeau d'insurrection ; mais dans les rangs de ce parti il y a des hommes de mérite et de talent qui devraient être à sa tête et le contenir pour lui conserver l'avenir, car ce parti en a, n'en déplaise aux modérés, c'est même probablement celui qui en a le plus, puisqu'il se préoccupe de l'avenir avec passion, sans tenir compte du présent. Qu'on fasse entrer dans ses convictions et dans ses mœurs, un peu trop sauvages, le respect matériel de la vraie légalité, et, de la confusion d'idées folles ou généreuses qu'il exhale pêle-mêle, sortiront des vérités qui sont déjà reconnues par beaucoup d'adhérents silencieux, ennemis, non de leurs doctrines, mais de leurs

façons d'agir. Une société fondée sur le respect inviolable du principe d'égalité, repré-
senté par le suffrage universel et par la liberté
de la presse, n'aurait jamais rien à craindre des
impatients, puisque leur devise est *liberté,
égalité* : je ne sais s'ils ajoutent *fraternité* : dans
ces derniers temps, ils ont perdu par la violence,
la haine et l'injure, le droit de de se dire nos
frères.

N'importe! une société parfaitement soumise
au régime de l'égalité et préservée des excès par
la liberté de parler, d'écrire et de voter, aurait
dès lors le droit de repousser l'agression de ceux
qui ne se contenteraient pas de pareilles institutions, et qui revendiqueraient le droit monstrueux de guerre civile. Il faut que les modérés
y prennent garde ; si les insurrections éclatent
parfois sans autre cause que l'ambition de quelques-uns ou le malaise de plusieurs, il n'en est pas
de même des révolutions, et les révolutions ont
toujours pour cause la restriction apportée
une liberté légitime. Si, par crainte des émeu

15

tes, la société républicaine laisse porter atteinte
à la liberté de la parole et de l'association, elle
fermera la soupape de sûreté, elle ouvrira la
carrière à de continuelles révolutions. M. Gambetta paraît l'avoir compris en prononçant quelques bonnes paroles a propos de la liberté des
journaux dans ce trop long et trop vague discours du 1er janvier, dont je me plaignais peut-
être trop vivement l'autre jour. S'il a cette
ferme conviction que la liberté de la presse doit
être respectée jusque dans ses excès, s'il désa-
voue les actes arbitraires de quelques-uns de ses
préfets, il respectera sans doute également le
suffrage universel. Ceci ne fera pas le compte
de tous ses partisans, mais j'imagine qu'il n'est
pas homme à sacrifier les principes aux circonstances.

Je lui souhaite de ne pas perdre la tête à
l'heure décisive, et je regrette de le voir passer
à l'état de fétiche, ce qui est le danger mortel
pour tous les souverains de ce monde.

10 janvier.

On a des nouvelles de Paris du 16. Le bombardement nocturne continue. — *Nocturne* est un raffinement. On veut être sûr que les gens seront écrasés sous leurs maisons. On assure pourtant que le mal *n'est pas grand*. Lisez qu'il n'est peut-être pas proportionné à la quantité de projectiles lancés et à la soif de destruction qui dévore le saint empereur d'Allemagne ; mais il est impossible que Paris résiste long-temps ainsi, et il est monstrueux que nous le laissions résister, quand nous savons que nos armées reculent au lieu d'avancer.

Du côté de Bourbaki, l'espoir s'en va complètement malgré de brillants faits d'armes qui tournent contre nous chaque fois.

20.

Nos généraux ne combattent plus que pour joûter. Ils n'ont pas la franchise de d'Aurelle de Paladines, qui a osé dire la vérité pour sauver son armée. Ils craignent qu'on ne les accuse de lâcheté ou de trahison. La situation est horrible, et elle n'est pas sincère !

Le temps est doux, on souffre moins à Paris ; mais les pauvres ont-ils du charbon pour cuire leurs aliments ? — On est surpris qu'ils aient encore des aliments. Pourquoi donc a-t-on ajourné l'appel au pays il y a trois mois, sous prétexte que Paris ne pouvait supporter vingt et un jours d'armistice sans ravitaillement ? Le gouvernement ne savait donc pas ce que Paris possédait de vivres à cette époque ? Que de questions on se fait, qui restent forcément sans réponse !

21.

Tours est pris par les Prussiens.

22 et 23.

Toujours plus triste, toujours plus noir, Paris toujours bombardé ! on a le cœur dans un état. Quelle morne désespérance ! on aurait envie de prendre une forte dose d'opium pour se rendre indifférent par idiotisme. — Non! on n'a pas le droit de ne pas souffrir. Il faut savoir, il faudra se souvenir. Il faut tâcher de comprendre à travers les ténèbres dont on nous enveloppe systématiquement. A en croire les dépêches officielles, nous serions victorieux tous les jours et sur tous les points. Si nous avions tué tous les morts qu'on nous signale, il y a longtemps que l'armée prussienne serait détruite; mais, à la fin de toutes les dépêches, on nous glisse comme un détail sans importance que nous avons perdu encore du terrain. Quel régime moral que le compte rendu journalier de cette tuerie réciproque! Il y a des mots atroces qui sont passés dans le style officiel :

— *Nos pertes sont insignifiantes, — nos pertes sont peu considérables.*

Les jours de désastre, on nous dit avec une touchante émotion :

— Nos pertes sont *sensibles*

Mais pour nous consoler on ajoute que celles

de l'ennemi sont *sérieuses*, et le pauvre monde à l'affût des nouvelles, va se coucher content, l'imagination calmée par le rêve de ces cadavres qui jonchent la terre de France !

24 janvier.

Nos trois corps d'armée sont en retraite. Les Prussiens ont Tours, Le Mans ; ils auront bientôt toute la Loire. Ils payent cher leurs avantages, ils perdent beaucoup d'hommes. Qu'importe au roi Guillaume ? l'Allemagne lui en donnera d'autres. Il la consolera de tout avec le butin, l'Allemand est positif ; on y perd un frère, un fils, mais on reçoit une pendule, c'est une consolation.

Paris se bat, sorties héroïques, désespérées. — Mon Dieu, mon Dieu ! nous assistons à cela. Nous avons donné, nous aussi, nos enfants et nos frères. Varus, qu'as-tu fait de nos légions ?

Encore une nomination honteuse dans les journaux ; l'impudeur est en progrès.

Succès de Garibaldi à Dijon. Il y a là, je ne sais où, mais sous les ordres du héros de l'Italie, un autre Italien moins enfant, moins crédule, moins dupe de certains associés, le doux et intrépide Frapolli, grand-maître de la maçonnerie italienne, qui, dès le commencement de la guerre, est venu nous apporter sa science, son dévouement, sa bravoure. Personne ne parle de lui, c'est à peine si un journal l'a nommé. Il n'a pas écrit une ligne, il ne s'est même pas rappelé à ses amis. Modeste, pur et humain comme Barbès, il agit et s'efface, — et il y a eu dans certains journaux des éloges pour de certains éhontés qu'on a nommés à de hauts grades en dépit des avertissements de la presse mieux renseignée. Malheur! tout est souillé, tout tombe en dissolution. Le mépris de l'opinion semble érigé en système.

26 janvier.

Encore une levée, celle des conscrits par anticipation. On a des hommes à n'en savoir que faire, des hommes qu'il faut payer et nourrir, et qui seront à peine bons pour se battre dans six mois; ils ne le seront jamais, si on continue à ne pas les exercer et à ne les armer qu'au moment de les conduire au feu. Mon troisième petit-neveu vient de s'engager.

27.

Visites de jeunes officiers de mobilisés, enfants de nos amis du Gard. Ils sont en garnison dans le pays on ne peut plus mal, et ne faisant absolument rien, comme les autres. Châteauroux regorge de troupes de toutes armes qui vont et viennent, on ne saura certainement jamais pourquoi. A La Châtre, on a de temps en temps un passage annoncé; on commande le pain, il reste au compte des boulangers. L'intendance a toujours un règlement qui lui défend de payer. D'autres fois la troupe arrive à l'improviste, on n'a reçu aucun avis, le pain manque. Heureusement les habitants de La Châtre pratiquent l'hospitalité d'une manière admirable ; ils donnent le pain, la soupe, le vin, la viande à discrétion : ils coucheraient sur la paille plutôt que de ne pas donner de lit à leur hôte. Ils n'ont pas été épuisés ; mais dans les villes à bout de ressources les jeunes troupes souffrent parfois cruellement, et on s'étonne de leur résignation. Le découragement s'en mêle. Subir tous les maux d'une armée en campagne et ne recevoir depuis trois et quatre mois aucune instruction militaire, c'est une étrange manière de servir son pays en l'épuisant et s'épuisant soi-même.

Un peu de *fantaisie* vient égayer un instant notre soirée, c'est une histoire qui court le pays. Trois Prussiens (toujours trois !) ont envahi le département, c'est-à-dire qu'ils en ont

15.

franchi la limite pour demander de la bière et du tabac dans un cabaret. De plus, ils ont demandé le nom de la localité. En apprenant qu'ils étaient dans l'Indre, ils se sont retirés en toute hâte, disant qu'il leur était défendu d'y entrer, et que ce département ne serait pas envahi à cause du château de Valençay, le duc ayant obtenu de la Prusse, où ses enfants sont au service du roi, qu'on respecterait ses propriétés.

Il y a déjà quelque temps que cette histoire court dans nos villages. Les habitants de Valençay ont dit que si les Prussiens respectaient seulement les biens de leur seigneur et ravageaient ceux du paysan, ils brûleraient le château.

Il y a quelque chose qu'on dit être vrai au fond de ce roman, c'est que le duc de Valençay aurait écrit de Berlin à son intendant d'emballer et de faire partir les objets précieux, et que, peu après, il aurait donné l'ordre de tout laisser en place. Qu'on lui ait promis en Prusse de respecter son domaine seigneurial, cela est fort pos-

sible ; mais que cette promesse se soit étendue
au département, c'est ce que nous ne croirons
jamais, malgré la confiance qu'elle inspire aux
amateurs de merveilleux.

28 janvier.

Lettres de Paris du 15. Morère est bien vivant,
Dieu merci ! Par une chance inespérée, à cette
date nous n'avions ni morts ni malades parmi
nos amis ; mais depuis ¹ treize jours de bombardement, de froid et peut-être de famine de plus !
— Mon bon Plauchut m'écrit qu'*il mange sa pail-
lasse*, c'est-à-dire que le pain de Paris est fait
de paille hachée. Il me donne des nouvelles de
tous ceux qui m'intéressent. Il m'en donne aussi
de mon pied-à-terre de Paris, qui a reçu un
obus dans les reins. Le 15, on jouait *François
le Champi* au profit d'une ambulance. Cette
pièce, jouée pour la première fois en 49, sous
la République, a la singulière destinée d'être
jouée encore sous le bombardement. Une ber-
gerie!

Mes pauvres amis sont héroïques, ils ne veulent pas se plaindre, ils ne *veulent* souffrir de rien. J'ai des nouvelles des Lambert. Leur cher petit enfant mord à belles dents dans les mets les plus étranges. On a été forcé de l'emporter la nuit dans un autre quartier. Les bombes leur sifflaient aux oreilles. Berton, père et fils, ont été de toutes les sorties comme volontaires. D'autres excellents artistes sont aussi sur la brèche, les hommes aux remparts, les femmes aux ambulances. Tous sont déjà habitués aux obus et les méprisent. Les gamins courent après. Paris est admirable, on est fier de lui !

28 au soir.

Mais les exaltés veulent le mâter, le livrer peut-être. Il y a encore eu une tentative contre l'Hôtel-de-Ville, et cette fois des gardes nationaux insurgés ont tiré sur leurs concitoyens. Ce parti, si c'en est un, se suicide. De telles provocations dans un pareil moment sont criminelles et la première pensée qui se présente à l'esprit est qu'elles sont payées par la Prusse. On saura plus tard si ce sont des fous ou des traîtres. Quels qu'ils soient, ils tuent, ils provoquent la tuerie : ce ne sont pas des Français, ou ce ne sont pas des hommes.

On parle d'armistice et même de capitulation. Ces émeutes rendent peut-être la catastrophe inévitable. Les journaux anglais annoncent la fin de la guerre. Le gouvernement de Bordeaux s'en émeut et nous défend d'y croire. Ne lui en déplaise, nous n'y croyons que trop. La misère doit sévir à Paris. On a beau nous le cacher, nos amis ont beau nous le dissimuler, cela devient évident. Le bois manque, le pain va manquer. L'exaltation des clubs va servir de prétexte à ce qui reste de bandits à Paris, — et il en reste toujours, — pour piller les vivres et peut-être les maisons. La majorité de la garde nationale paraît irritée et blâme la douceur du général Trochu. Le général Vinoy est nommé gouverneur de Paris à sa place. Est-ce l'énergie, est-ce la patience qui peuvent sauver une pareille situation? — Elle est sans exemple dans l'histoire. Les Prussiens sont-ils appelés à la résoudre en brûlant Paris? On ne ferme pas l'œil de la nuit, on voudrait être mort jusqu'à demain, — et peut-être que demain ce sera pire!

Dimanche 29 janvier.

C'en est fait! Paris a capitulé, bien qu'on ne prononce pas encore ce mot-là. Un armistice est signé pour vingt et un jours. Convocation d'une assemblée de députés à Bordeaux : c'est Jules Favre qui a traité à Versailles. On va procéder à la hâte aux élections. On ne sait rien de plus. Y aura-t-il ravitaillement pour le pauvre Paris affamé? car il est affamé, la chose est claire à présent! La paix sortira-t-elle de cette suspension d'armes? Pourrons-nous communiquer avec Paris? A quelles conditions a-t on obtenu ce sursis au bombardement? Il est impossible que l'ennemi n'ait pas exigé la reddition d'un ou de

plusieurs forts. Il n'y a pas d'illusion à conserver. Cela devait finir ainsi! L'émeute a dû être
plus grave qu'on ne l'a avoué. Les Prussiens
en profitent. Malheureux agitateurs! que le désastre, la honte et le désespoir du pays vous
étouffent, si vous avez une conscience!

Le désordre et le dégoût où l'on a jeté la
France rendaient notre perte inévitable. Mais
fallait-il laisser dire à nos ennemis :

— Ce peuple insensé se livre lui-même! Les
haines qui le divisent ont fait plus que nos boulets, plus que la famine elle-même!

Ah! mécontents de Paris, vous qui accusez
vos chefs de trahison, et vous aussi qui les
abandonnez parce qu'ils veulent épargner la vie
des émeutiers, si les choses sont comme elles
paraissent, vous êtes tous bien coupables, mais
si malheureux qu'on vous plaint tous et qu'on
tâchera d'arracher de son cœur cette page de
votre histoire pour ne se rappeler que cinq mois
de patience, d'union, d'héroïsme véritable!

On vous plaint et on vous aime tous quand

même : vous n'êtes plus écrasés par les bombes, vos pauvres enfants vont avoir du pain. On respire en dépit d'une douleur profonde, et on veut la paix, — oui, la paix au prix de notre dernier écu, pourvu que vous échappiez à cette torture! Quant à moi, il était au-dessus de mes forces de la contempler plus longtemps, et j'avoue qu'en ce moment je suis irritée contre ceux qui reprochent à votre gouvernement d'avoir cédé devant l'horreur de vos souffrances. On réfléchira demain, aujourd'hui on pleure et on aime : arrière ceux qui maudissent!

janvier.

A présent nous savons pourquoi Paris a dû subir si brusquement son sort. Encore une fois nous n'avons plus d'armée! Tandis que celles de l'Ouest et du Nord sont en retraite, celle de l'Est est en déroute. Le malheureux Bourbaki, harcelé, dit-on, par les exigences, les soupçons et les reproches de la dictature de Bordeaux, s'est brûlé la cervelle. Aucune dépêche ne nous en a informés, les journaux que nous pouvons nous procurer le disent timidement dans un entrefilet. Mais on le sait trop à Versailles, et devant l'évidence Jules Favre a dû perdre tout espoir.

Ce nouveau drame est navrant. Celui-là ne trahissait pas qui s'est tué pour ne pas survivre à la défaite!

31 janvier.

Dépêche officielle. — *Alea jacta est !* La dictature de Bordeaux rompt avec celle de Paris. Il ne lui manquait plus, après avoir livré par ses fautes la France aux Prussiens, que d'y provoquer la guerre civile, par une révolte ouverte contre le gouvernement dont il est le délégué! Peuple, tu te souviendras peut-être cette fois de ce qu'il faut attendre des pouvoirs irresponsables! Tu en as sanctionné un qui t'a jeté dans cet abîme, tu en as subi un autre que tu n'avais pas sanc-

tionné du tout et qui t'y plonge plus avant, grâce
au souverain mépris de tes droits. Deux malades, un somnambule et un épileptique, viennent de consommer ta perte. Relève-toi, si tu
peux !

« L'occupation des forts de Paris par les
Prussiens, dit cette curieuse dépêche, *semble* in-
diquer que la capitale a été rendue en tant que
place forte. La convention qui est intervenue
semble avoir surtout pour objet la formation et
la nomination *d'une assemblée.*

« La politique soutenue et pratiquée par le
ministre de l'intérieur et de la guerre est toujours la même : *guerre à outrance, résistance
jusqu'à complet épuisement !* »

Entends-tu et comprends-tu, pauvre peuple ?
Le *complet épuisement* est prévu, inévitable, et
le voilà décrété !

« Employez donc toute votre énergie, dit la
dépêche en s'adressant à ses préfets, à maintenir le *moral* des populations ! »

Le moyen est sublime ! Promettez-leur le complet épuisement! Voilà tout ce que vous avez à leur offrir. Eh bien! c'est déjà fait. Vous avez tout pris, et cela ne vous a servi à rien. Il faut aviser au moyen de vider deux fois chaque bourse vide et de tuer une seconde fois chaque homme mort!

Viennent ensuite des ordres relatifs à la discipline.

« Les troupes devront être exercées tous les jours pendant de longues heures pour s'aguerrir. »

Il est temps d'y songer, à présent que celles qui savaient se battre sont prisonnières ou cernées, et que celles qui ne savent rien sont démoralisées par l'inaction et décimées par les maladies! Ferez-vous repousser les pieds gelés que la gangrène a fait tomber dans vos campements infects? Ressusciterez-vous les infirmes, les phthisiques, les mourants que vous avez fait partir et qui sont morts au bout de vingt-quatre heures? Rétablirez-vous la discipline dont vous vous êtes préoccupé tout récemment et que vous avez laissée périr comme une chose dont *l'élément civil* n'avait aucun besoin?

Mais voici le couronnement du mépris pour les droits de la nation : Après avoir décrété la guerre à outrance, le ministre de l'intérieur et de la guerre, l'homme qui n'a pas reculé devant cette double tâche, ajoute :

— *Enfin, il n'est pas jusqu'aux élections qui ne puissent et ne doivent être mises à profit.*

Et puis, tout de suite, vient l'ordre d'imposer la volonté gouvernementale, j'allais dire *impériale*, aux électeurs de la France.

—*Ce qu'il faut* à la France, c'est une assemblée *qui veuille la guerre et soit décidée à tout.*

« Le membre du gouvernement qui est attendu arrivera sans doute demain matin. *Le ministre,* — c'est de lui-même que parle M. Gambetta, — *le ministre s'est fixé un délai qui expire demain à trois heures.* »

C'est-à-dire que, si l'on tarde à lui céder, il passera outre et régnera seul. Le tout finit par un refrain de cantate :

— Donc, patience! fermeté! courage! union et discipline!

Voilà comme M. Gambetta entend ces choses! Quand il a apposé beaucoup de points d'exclamation au bas de ses dépêches et circulaires, il croit avoir sauvé la patrie.

Nous voilà bien et dûment avertis que Paris ne compte pas, que c'est une place forte comme une autre, qu'on peut ne pas s'en soucier et continuer *l'épuisement* rêvé par la grande âme du ministre pendant que l'ennemi, maître des forts, réduira en cendre la capitale du monde civilisé. Il n'entre pas dans la politique, si modestement *suivie* et *pratiquée* par le *ministre*, de s'apitoyer sur une ville qui a eu la lâcheté de succomber sans son aveu!

Ce déplorable enivrement d'orgueil qui conduit un homme, fort peu guerrier, à la férocité froide et raisonnée, est une note à prendre et à retenir. Voilà ce que le pouvoir absolu fait de nous! Dépêchez-vous de vous donner *des maîtres*, pauvres moutons du Berry!

1er février.

Aujourd'hui le *ministre* refait sa thèse. Il change de ton à l'égard de Paris. C'est une ville sublime, qui ne s'est défendue que pour lui donner le temps de sauver la France, et il nous assure qu'elle est sauvée, vu qu'il a formé « des armées *jeunes encore*, mais *auxquelles* il n'a manqué *jusqu'à* présent *que la* solidité *qu'on* n'acquiert qu'à la longue. »

Il absout Paris, mais il accuse le gouvernement de Paris, dont apparemment il ne relève plus.

— *On a signé à notre insu, sans nous avertir, sans nous consulter, un armistice dont nous n'avons connu que tardivement la coupable légèreté, qui livre aux troupes prussiennes des départements occupés par nos soldats, et qui nous impose l'obligation de rester trois semaines au repos pour réunir, dans les tristes circonstances où se trouve le pays, une assemblée nationale. Cependant personne ne vient de Paris, et il faut agir.*

On s'imagine qu'après avoir ainsi tancé la *lé-gèreté coupable* de son gouvernement, le *ministre* va lui résister? Il l'avait annoncé hier, il s'était fixé un délai. Le délai est expiré, et il n'ose! Il va obéir et s'occuper d'avoir une assemblée *vraiment nationale.* Pardonnons-lui une heure d'égarement, passons-lui encore cette proclamation illisible, impertinente, énigmatique. Espérons qu'il n'aura pas de candidats officiels, bien qu'il semble nous y préparer. Espérons que, pour la première fois depuis une vingtaine d'années, le suffrage universel sera entièrement libre, et que nous pourrons y voir l'expression de la volonté de la France.

Ce retard du délégué de Paris, qui offense et irrite le délégué de Bordeaux, nous inquiète, nous autres. Paris aurait-il refusé de capituler malgré l'occupation des forts? Paris croit-il encore que nos armées sont à dix lieues de son enceinte? On l'a nourri des mensonges du dehors, et c'est là un véritable crime. Nos anxiétés re-

doublent. Peut-être qu'au lieu de manger on
s'égorge. — Le ravitaillement s'opère pourtant,
et on annonce qu'on peut écrire des lettres *ouvertes* et envoyer des denrées.

2 février.

J'ai écrit quinze lettres, arriveront-elles? — Il
fait un temps délicieux; j'ai écrit la fenêtre ouverte. Les bourgeons commencent à se montrer,
le perce-neige sort du gazon ses jolies clochettes
blanches rayées de vert. Les moutons sont dans
le pré du jardin, mes petites-filles les gardent en
imitant, à s'y tromper, les cris et appels consa-
crés des bergères du pays. Ce serait une douce
et heureuse journée, s'il y avait encore de ces
journées-là; mais le parti Gambetta nous en
promet encore de bien noires. Il a pris le mot
d'ordre; il veut la *guerre à outrance* et le *complet épuisement*. Pour quelques-uns, c'est encore
quelques mois de pouvoir; pour les désinté-
ressés, c'est la satisfaction sotte d'appartenir au

parti qui domine la situation et fait trembler la volaille, c'est-à-dire les timides du parti opposé ;

— mais le paysan et l'ouvrier ne tremblent pas tant qu'on se l'imagine ! Le paysan surtout est très-calme, il sourit et se prépare à voter, quoi?

— La paix à outrance peut-être ; on l'y provoque en le traitant de lâche et d'idiot. L'autre jour, un vieux disait :

— Ils s'y prennent comme ça? On leur fera voir qu'on n'attrape pas les mouches avec du vinaigre.

Ce qu'il y a de certain, c'est qu'ils se prononceront ici en masse contre le complet épuisement, et ils n'auront pas tort.

— Avec quoi, disent-ils, nourrira-t-on ceux que l'ennemi a ravagés, si on ravage le reste?

Ils n'ignorent pas que les provinces défendues souffrent autant des nationaux que des ennemis, et, comme le vol dès prétendus fournisseurs et le pillage des prétendus francs-tireurs entrent à présent sans restriction et sans limite dans nos prétendus moyens de défense, ils ne veulent

16

plus se défendre avec un gouvernement qui ne les préserve de rien et les menace de tout.

Vendredi 3 février.

Le mal augmente. La menace se dessine. Le ministre de Bordeaux décrète de son chef des incompatibilités que la République ne doit pas connaître. Il exclut non-seulement de l'éligibilité les membres de toutes les familles déchues du trône, mais encore les anciens candidats officiels, les anciens préfets de l'Empire, auxquels, par une logique d'un nouveau genre, il substitue les siens. On ne pourra pas élire les préfets d'il y a six mois; en revanche, on pourra élire les préfets actuellement en fonctions! C'est le coup d'État de la folie; il y a des gens pour l'admirer et en accepter les conséquences. — Que fait donc le gouvernement de Paris, qui, on le sait, ne veut pas accepter cette modification à la première, à la plus sacrée des lois républicaines? L'ennemi l'empêche-t-il de communiquer avec la délégation? Ce serait de la part de M. de Bismarck une nouvelle et sanglante perfidie que de vouloir outrager et avilir le suffrage universel.

Beaucoup de préfets n'oseront pas, j'espère, afficher l'outrage au peuple sur les murs des villes. Ce serait le signal de grands désordres. Les maires ne l'oseront pas dans les campagnes. Dieu nous préserve des colères de la réaction, si stupidement provoquées et si cruellement aveugles quand elles prennent leur revanche! Que la soupape de sûreté s'ouvre vite, que le gouvernement de Paris répare la faute de son ex-collègue, et que le peuple vote librement! Tout est perdu sans cela. Une guerre civile, et c'est maintenant que la paix avec l'étranger devient à jamais honteuse pour la France.

Vendredi soir.

Enfin! Jules Simon est arrivé à Bordeaux avec un décret signé de tous les membres du gouvernement de Paris, donnant un démenti formel aux prétentions du délégué. Se prononcera-t-il aussi contre la mesure qui vient de faire un si grand scandale, et dont le ministre de la justice a endossé la cruelle responsabilité? L'atteinte portée ces jours-ci à l'inamovibilité de la magistrature a été pour nous, qui aimons et respectons Crémieux, une douloureuse stupéfaction. Certes les magistrats frappés par cette mesure n'ont pas nos sympathies; mais détruire un principe pour punir quelques coupables, et se résoudre à un tel acte au moment de perdre le pouvoir, c'est inexplicable de la part d'un homme dont l'intelligence et la droiture d'intentions n'ont jamais été mises en doute, que je sache. Que s'est-il donc passé? Cette verte vieillesse s'est-elle affaissée tout d'un coup sous la pression des exaltés?

Le parti Gambetta était donc fermement convaincu que *la guerre commençait*, qu'il fallait entrer dans la voie des grandes mesures dictatoriales pour donner un nouvel élan à la France, et qu'on avait un an de lutte acharnée, ou une prochaine série de grandes victoires pour arriver au consulat?

À Paris, on est triste, mais résigné; il n'y a pas eu le moindre trouble, bien qu'on l'ait beaucoup donné à entendre pour nous effrayer. Il y a un système à la fois réactionnaire et républicain pour nous brouiller avec Paris; les meneurs des deux partis s'y acharnent.

Nous apprenons enfin que l'armée de Bourbaki a passé en Suisse au moment d'être cernée et détruite. L'ignorait-on à Bordeaux? A coup sûr, M. de Bismarck ne l'a pas laissé ignorer à Paris.

Le pauvre général Bourbaki n'est pas mort, bien qu'il se soit mis réellement une balle dans la tête. Les uns disent qu'il est légèrement blessé, d'autres qu'il l'est mortellement. Quoi qu'il en soit, il a voulu mourir; c'est le seul général qui ait manqué de philosophie devant la défaite. Tous les autres se portent bien. Tant mieux pour ceux qui se sont bien battus!

16.

4 février.

Les feuilles poussent aux arbres, mais nos
beaux blés sont rentrés sous terre. La campagne,
si charmante chez nous en cette saison, est d'un
ton affreux. Des espaces immenses sont rasés
par la gelée. Il est dit que nous perdrons tout,
même l'espérance. M. de Bismark nous envoie
des dépêches! Il déclare qu'il n'admet pas les
incompatibilités de M. Gambetta. C'est lui qui nous
protége contre notre gouvernement. C'est la
scène grotesque passant à travers le drame
sombre.

Lettres du Midi. Ils sont effrayés. Le coup
d'État les menace, disent-ils, de grands malheurs.
Beaucoup de bons républicains vont voter pour
les conservateurs. C'est une combinaison for-
tuite amenée par la situation.

Ici tout se passera en douceur comme de cou-
tume, mais la liste républicaine aura si peu de
voix que le parti Gambetta payera cher la faute

de son chef. Il y a là des noms aimés ; mais, pour défendre le système qu'ils s'obstinent à représenter, il faudrait fausser sa propre conscience, et peu de gens estimables s'y décideront. Il y en aura pourtant ; il y a toujours des politiques *purs* qui font bon marché de leurs scrupules et de leurs répugnances pour obéir à un système convenu ; c'est même cela qu'ils appellent la *conduite politique.* J'avoue que j'ai toujours eu de l'aversion pour cette stratégie de transaction.

Dans sa proclamation dernière, M. Gambetta disait, en finissant, une parole énigmatique :

— Pour atteindre ce but sacré (la guerre à outrance représentée par le choix des candidats), il faut y dévouer nos cœurs, nos volontés, notre vie, et, *sacrifice difficile peut-être, laisser là nos préférences.* Aux armes ! aux armes ! etc.

Le parti entend sans doute son chef à demi-mot. Pour nous, simples mortels sans malice, nous nous posons des questions devant le texte mystérieux. Ne serait-ce pas l'annonce d'une évolution politique comme celle de ces républicains du Midi qui m'écrivaient hier :

« Devant l'ennemi du suffrage universel, nous passerons à l'ennemi de l'ennemi ! »

M. Gambetta, passant à l'alliance avec les rouges qu'il a contenus jusqu'ici dans les villes agitées par eux, serait plus logique ; jusqu'ici ses *préférences* ont été pour ses confrères de Paris qui lui ont confié nos destinées, faisant en cela, selon nous, acte d'énorme légèreté. A présent, le dictateur va sans doute donner sa confiance et son appui aux ennemis d'hier, et je ne vois pas pourquoi ils ne s'entendraient pas, puisqu'ils sont aussi friands que lui de dictature et de coups d'État.

5 février.

Ni lettres, ni journaux pour personne ; on est en si grande défiance qu'on croit ce silence *commandé*. On s'inquiète de ce qui se passe à Bordeaux entre Jules Simon et la dictature.

5.

Pas plus de nouvelles qu'hier ; nous n'avons que les journaux d'avant-hier, qui disent que l'armistice, mal réglé ou mal compris, a amené de nouveaux malheurs pour nos troupes. Nous sommes inquiets d'une partie de nos mobilisés qui a été conduite au feu, comme nous le redoutions, sans avoir appris à tenir un fusil, et qui s'est trouvée à l'affaire de la reprise du faubourg de Blois. Ils s'y sont jetés comme des fous, traversant la Loire en désordre sur un pont miné, tombant dans la rivière, sortant de là en riant pour aller droit aux Prussiens embusqués dans les maisons, tirant au hasard leurs mauvais fusils qui éclataient dans leurs mains, et vers le soir se tuant les uns les autres faute de se reconnaître et faute de direction. Le lendemain, nos pauvres enfants étaient cernés ; la retraite leur était absolument coupée, et ils attendaient l'écrasement final lorsque, après six heures d'attente dans la

boue, l'arme au pied, leur colonel fut obligé de
leur laisser connaître l'armistice, mais en leur
déclarant qu'il ne l'acceptait pas. Si Gambetta
dure, ce colonel intelligent sera décoré ou général. — Avec de tels chefs, l'*épuisement* désiré
ira vite, et le pouvoir de ceux qui sacrifient ainsi
la jeunesse d'un pays ne sera pas d'aussi longue
durée qu'ils l'espèrent.

Mardi 7 février.

On raconte enfin la lutte entre Jules Simon et
M. Gambetta; elle a été vive, et tous les journaux
qui se sont permis de publier le décret du gouvernement de Paris relatif à la liberté des élections ont été saisis à Bordeaux. Le coup d'État
est complet !

Une lettre nous apprend ce soir que Jules
Simon l'emporte, qu'il a dû montrer une fermeté
qui n'a pas été sans péril pour lui, que M. Gambetta se décide à donner sa démission, et que
le décret de Paris qui annule le sien sera publié
demain.

Demain! c'est le jour du vote! On aura commencé à voter, et dans beaucoup de localités on aura fini de voter sans savoir qu'on est libre de choisir son candidat ; mais en revanche les préfets en fonctions pourront être élus dans les localités qu'ils administrent encore. On promène déjà partout des listes officielles qu'on appelle listes républicaines. Ainsi le premier appel au peuple fait par cette république-là aura suivi la forme impériale et admis des incompatibilités inconnues sous l'empire. C'est une honte! mais qu'elle retombe sur ceux qui l'acceptent!

Rendons justice au gouvernement de Paris, il a fait cette fois son devoir autant qu'il l'a pu, et oublions vite ce mauvais rêve d'un coup de dictature avorté. Le vote sera libre quand même, grâce à la ferme volonté que montrent les masses d'exercer leur droit dans toute son étendue.

Il y a ici diverses listes de conciliation qui ne nuiront pas à la principale, la liste dite libérale, celle de la paix, comme l'appellent les paysans.

L'autre, c'est celle de la guerre. Ils ne s'y trom-
peront pas.

Aucun symptôme de bonapartisme ni de clé-
ricalisme dans les esprits autour de nous. Je ne
connais aucun des candidats qui représentent
pour eux le vote pour la paix ; je vis cloîtrée, je
ne vois même presque jamais les paysans de la
nouvelle génération.

Ils ont beaucoup grandi en fierté et en bien-
être, ces paysans de vingt à quarante ans ; ils ne
demandent jamais rien. Quand on les rencontre,
ils n'ôtent plus leur chapeau. S'ils vous connaissent, ils viennent à vous et vous tendent la main.
Tous les étrangers qui s'arrêtent chez nous sont
frappés de leur bonne tenue, de leur aménité et
de l'aisance simple, amicale et polie de leur atti-
tude. Vis-à-vis des personnes qu'ils estiment, ils
sont, comme leurs pères, des modèles de savoir-
vivre ; mais plus que leurs pères, qui en avaient
déjà le sentiment, ils ont la notion et la volonté
de l'égalité : c'est le droit de suffrage qui leur a
fait monter cet échelon. Ceux qui les traitent

tout bas de brutes n'oseraient les braver ouvertement. Il n'y ferait pas bon.

Il y a bien eu quelques menaces dans quelques communes d'alentour. Dans la nôtre et dans les plus voisines, nous savons qu'il y a eu accord et engagement pris d'observer le plus grand calme, de n'échanger avec personne un seul mot irrité ou irritant, de ne pas s'enivrer, de partir tous ensemble et de revenir de même, sans se mêler à aucune querelle, à aucune discussion. Ils ont tous leur bulletin en poche. Ceux qui ne savent pas lire connaissent au moins certaines lettres qui les guident, ou, s'ils ne les connaissent pas, ils en remarquent la forme et l'arrangement avec la sûreté d'observation qui aide le sauvage à retrouver sa direction dans la forêt vierge. Ils ne disent jamais chez nous d'avance pour qui ils voteront, ils se soucient fort peu des noms propres à l'heure qu'il est. Ils ne connaissent pas plus que moi les candidats qui passent pour représenter leur opinion. S'ils font quelques questions, c'est sur la profession et la situation des candidats; le mot *avocat* les met en défiance. *Avocat* est une injure au village. Ils aiment les gros industriels, les agriculteurs éclairés, en général tous ceux qui réussissent dans leurs entreprises. Ils rejettent certains noms qu'ils aiment personnellement en disant :

— Que voulez-vous? il n'a pas su faire ses affaires, il ne saurait pas faire celles des autres!

Et ceci est une question d'ordre, d'économie, de sagesse et d'intelligence, ce n'est pas une question de clocher. Le paysan n'a rien à gagner chez nous au changement de personnes. Étant d'un des départements les plus noirs sur la carte de l'instruction, il est au moins préservé de l'ambition par son ignorance. Il n'aspire à aucun emploi, il sait qu'il n'y en a pas pour qui ne sait pas lire. Il ne désire pas sortir de son pays, où il est propriétaire, c'est-à-dire un citoyen égal aux autres, pour aller dans des villes où son ignorance le placerait au-dessous de beaucoup d'autres. L'instruction partielle n'a d'ailleurs pas

toujours de bons résultats, elle détache l'homme
de son état et de son milieu parce qu'elle le dif-
férencie de ses égaux. Il faut qu'elle soit donnée
à tous pour être un bien commun dont personne
n'ait lieu d'abuser.

Enfin ! nous verrons demain si tout se passera
sans désordre et sans vexation. On est très-bon
dans notre pays, et nous avons un excellent
sous-préfet, qui, sous l'Empire tout comme aujourd'hui, a professé et professe un grand respect pour la liberté des opinions. Si on se querelle, ce ne sera pas sa faute.

Un de nos mobilisés a écrit; malgré l'armistice, ils couchent plus que jamais dans la boue,
et malgré l'espoir et l'annonce de la reprise prochaine des hostilités, moins que jamais on ne
les exerce. Il y a eu des morts et des blessés, il
y a surtout des malades. Un médecin de La
Châtre, le docteur Boursault, malgré son âge
assez avancé et sa fortune assez médiocre, s'est
attaché gratuitement au service du bataillon.

Je donnerais beaucoup pour être sûre que le

dictateur a donné sa démission. Je commençais
à le haïr pour avoir fait tant souffrir et mourir
inutilement. Ses adorateurs m'irritaient en me
répétant qu'il nous a sauvé l'honneur. Notre
honneur se serait fort bien sauvé sans lui. La
France n'est pas si lâche qu'il lui faille avoir un
professeur de courage et de dévouement devant
l'ennemi. Tous les partis ont eu des héros dans
cette guerre, tous les contingents ont fourni des
martyrs. Nous avons bien le droit de maudire
celui qui s'est présenté comme capable de nous
mener à la victoire et qui ne nous a menés qu'au
désespoir. Nous avions le droit de lui demander
un peu de génie, il n'a même pas eu de bon
sens.

Que Dieu lui pardonne! Je vais me dépêcher
de l'oublier, car la colère et la méfiance composent un milieu où je ne vivrais pas mieux qu'un
poisson sur un arbre. Ceux qui ne sont pas con-
tents du dictateur disent qu'il aura des comptes
sévères à rendre à la France, et que son avenir
n'est pas riant. Je souhaite qu'on le laisse tran-

quille. S'il faut qu'une enquête se fasse sur sa probité, que je ne révoque point en doute — les exaltés ne sont pas cupides — dès qu'il se sera justifié, qu'on lui pardonne tout, en raison de la raison qui lui manque. Le chauffeur maladroit qui fait éclater la chaudière n'est pas punissable quand il saute avec elle.

Il pleut, le vent souffle en foudre. Il y a dans l'air une détente qui ne sera pas sans influence sur notre espèce nerveuse et impressionnable. Non! on ne se battra pas demain.

8 février.

Dès le matin, les paysans des deux sections de la commune étaient réunis devant l'église. Les vieux et les infirmes voulaient se traîner au chef-lieu de canton, qui est à six kilomètres. Mon fils fait atteler pour eux un grand chariot qu'on accepte, et il s'en va à pied avec les jeunes. Sur la route, on rencontre les autres communes marchant en ordre avec leurs vieillards conduits par

les voitures des voisins, qui, sans s'être concer-
tés, ont tous eu l'idée de fournir des moyens de
transport, et de se servir de leurs jambes plutôt
que de laisser un électeur privé de son droit.
Pas une abstention ! Ce vote au chef-lieu de canton a paru une espèce de défi qu'on a voulu
accepter. — Dans la journée, on vient nous dire
que tout est calme, qu'il n'y a pas eu l'ombre
d'une querelle, et notre village rentre sans avoir
manqué à sa parole.

Les journaux confirment la démission Gambetta, et annoncent l'arrivée à Bordeaux de plusieurs membres du gouvernement de Paris. — Je
reçois de Paris une première lettre par la poste ;
mais, comme les Prussiens veulent lire notre
pensée, on ne se la dit pas et on est moins bien
informé que par les ballons.

Jeudi 9 février.

J'ai attendu Maurice, qui est rentré à trois
heures du matin. Il avait été cloué à un bureau

de dépouillement. La liste *libérale* l'emporte jusqu'ici chez nous dans la proportion de cent contre un.

On m'assure que les choix de notre département sont réellement libéraux et même républicains, qu'en tout cas ils ne sont nullement réactionnaires. Dieu veuille qu'il en soit ainsi dans toute la France, et que les hommes du passé ne profitent pas trop de l'irritation produite dans les masses par la tentative d'étouffement du vote. J'ai de l'espérance aujourd'hui; notre pauvre France a appelé le bon sens à son aide, et elle est disposée à l'écouter. Ce n'est pas une majorité restauratrice que le bon sens demande, c'est une majorité réparatrice. Se sentira-t-elle le pouvoir et les moyens de continuer la guerre? Je ne le crois pas; mais, s'il est constaté qu'elle les a encore, espérons qu'elle ne sera pas lâche et qu'elle usera de ce pouvoir et de ces moyens.

Quoi qu'il arrive, l'équilibre rompu entre la France et son expression va se rétablir. C'était la première condition pour nous rendre compte de

notre situation, qu'on nous défendait de connaître et que nous allons pouvoir juger en famille. On avait exclu du conseil les principaux
intéressés, ceux qui supportent les plus lourdes
charges ; il était temps de se rappeler qu'ils n'appartiennent pas plus à un parti qu'ils ne doivent
appartenir à un souverain. Puisque, grâce à la
Révolution de 89, tout homme est un citoyen, il
est indispensable de reconnaître que tout citoyen
est un homme, que par conséquent nul ne peut
disposer des biens et de la vie de son semblable
sans le consulter. Ce n'est pas parce que l'Empire en a disposé par surprise qu'une république
a le droit d'agir de même et de sacrifier l'homme
à l'idée, l'homme fût-il stupide et l'idée sublime.

Une guerre continuée ainsi ne pouvait produire l'élan miraculeux des guerres patriotiques. D'ailleurs les choses de fait sont entrées
dans une nouvelle phase de développement. En
même temps que la science appliquée à l'industrie nous donnait l'emploi de la vapeur, de

l'électricité, et tant d'autres découvertes mer-
veilleuses et fécondes, elle accomplissait fatalement le cercle de son activité, elle trouvait des
moyens de destruction dont nous n'avons pas
pu nous pourvoir à temps, et qui ont mis à un
moment donné la force matérielle au-dessus de
la force morale. Nous subissons un accident
terrible, ce n'est rien de plus. L'homme qui eût
pu rendre immédiatement applicable un engin
de guerre supérieur à tous les engins connus
eût plus fait pour notre salut que tout un parti
avec des paroles vides et un système d'excita-
tions inutiles. M. Ollivier nous avait bien déjà
parlé d'un *rempart de poitrines humaines*, parole
féroce, si elle n'eût été irréfléchie. Les poitrines
humaines ont beau battre pour la patrie, le canon les traverse, et jamais un ingénieur militaire ne les assimilera à des moellons. L'homme
de cœur ne peut entendre les métaphores de
l'éloquence sans éprouver un déchirement profond. Le paysan, à qui on prend ses fils pour
faire des fortifications avec sa chair et son

sang, a raison de ne pas aimer les avocats.

10 février.

A présent que les communications régulières
sont rétablies ou vont l'être, je n'ai plus besoin
de mes propres impressions pour vivre de la vie
générale. Je cesserai donc ce journal, qui devient
inutile à moi et à ceux de mes amis qui le liront
avec quelque intérêt. Dans l'isolement plus ou
moins complet où la guerre a tenu beaucoup de
provinces, il n'était pas hors de propos de ré-
sumer chaque jour en soi l'effet du contre-coup
des événements extérieurs. Très-peu parmi nous
ont eu durant cette crise le triste avantage de la
contempler sans égarement d'esprit et sans catastrophe immédiate. Je dis que c'est un triste
avantage, parce que, dans cette inaction forcée,
on souffre plus que ceux qui agissent. Je le sais
par expérience; en aucun temps de ma vie, je
n'ai autant souffert !

Je n'ai pas voulu faire une page d'histoire, je

ne l'aurais pas pu ; mais toute émotion soulevée par l'émotion générale appartient quand même à l'histoire d'une époque. J'ai traversé cette tourmente comme dans un flot à chaque instant menacé d'être englouti par le flot qui montait. J'ai jugé à travers le nuage et l'écume les faits qui me sont parvenus ; mais j'ai tâché de saisir l'esprit de la France dans ces convulsions d'agonie, et à présent je voudrais pouvoir lui toucher le cœur pour savoir si elle est morte.

On ne peut juger que par induction, je tâte mon propre cœur et j'y trouve encore le sentiment de la vie. Si ce n'est pas l'espoir, c'est toujours la foi, et si ce n'était même plus la foi, ce serait encore l'amour ; tant qu'on aime, on n'est pas mort. La France ne peut pas se haïr elle-même, plus que jamais elle est la nation qui aime et qu'on aime. Si le gouvernement qui jurait de la sauver ou de mourir avec elle n'a su faire ni l'un ni l'autre, quelque espérance que nous ayons fondée sur ce gouvernement, quelques sympathies qu'il ait pu nous inspirer ou qu'il nous inspire encore, accusons-le plutôt que de condamner la France. Repoussons avec indignation le système de défense de ceux qui nous disent qu'elle est perdue, parce qu'elle n'a pas voulu être sauvée. Ce serait le même mensonge qui a été prononcé à Sedan lorsqu'on nous a lâchement accusés d'avoir voulu la guerre. Dire que la France ne peut plus enfanter de braves soldats ni de bons citoyens, parce qu'elle a été bonapartiste, c'est un blasphème. Elle a proclamé la république à Paris avec un enthousiasme immense, elle l'a acceptée en province avec une loyauté unanime. Le premier cri a été partout :

— Vive la patrie !

Et tout le monde était debout ce jour-là. La France de toutes les opinions a offert ou donné sans hésitation le sang qu'elle avait dans les veines, l'argent qu'elle avait dans les mains. Le paysan le plus encroûté a marché comme les autres. Les sujets les plus impropres aux fatigues s'y sont traînés quand même, des mères ont vu partir leurs trois fils, des fermiers tous

leurs gars; des hommes mariés ont quitté leurs
jeunes enfants, des soldats qui avaient fait sept
ans de service ont repris le sac et le fusil. Je
ne parle pas des riches qui ont quitté avec orgueil leurs affections et leur bien-être, des industriels, des savants et des artistes qui ont fait
si bon marché de leurs précieuses vies, et qui se
sont volontairement dévoués, des jeunes gens
engagés dans des carrières honorables ou lucra-
tives qui ont tout sacrifié pour servir la grande
cause : je parle de ceux qu'on accuse, qu'on
méconnaît et qu'on méprise, je parle des igno-
rants et des simples qui croyaient encore à l'empereur trahi, vieille légende des temps passés,
et qui n'aimaient pas du tout la République,
parce que *rien ne va sans un maître.* Je ne peux
pas sans douleur entendre maudire ce pauvre
d'esprit qui est allé se faire tuer, ou, ce qui est
pis, mourir de froid, de faim et de misère dans
la neige et la boue des campements. Si Jésus re-
venait au monde, il écrirait avec notre sang sur
le sable de nos chemins :

« En vérité, je vous le dis, celui-ci, qui ne comprend pas et qui marche avec vous est le meilleur d'entre vous. »

Finissons-en avec ces récriminations contre l'ignorance, avec cette malédiction sur le suffrage universel, avec ces projets, ces désirs ou ces menaces de méconnaître son autorité. La paix est maintenant inévitable, l'exaltation de parti la repousse et cherche à nous entretenir d'illusions funestes. Elle a promis ce qu'elle n'a pu tenir, elle ne veut pas en avoir le démenti, elle sacrifierait des millions d'hommes plutôt que de s'avouer impuissante ou impopulaire. Il est temps que le gros bon sens intervienne. Il ne saura pas juger le différend, il le fera cesser. Je vois aux prises une impitoyable machine de guerre, la Prusse, et un homme nu, blessé, héroïque, la France militaire. Cet homme, exaspéré par l'inégalité de la lutte, veut mourir, il se jette en désespéré sous les roues de la machine. Debout, Jacques Bonhomme ! place entre ce sublime malheureux et la machine aveugle ta

lourde main, plus solide que tous les engins de
la royauté. Arrête le vainqueur et sauve le vaincu,
dût-il te maudire et t'insulter. Tu veux qu'il
vive, toi, paysan qui par métier sèmes la vie sur
la terre. Tu veux que le blé repousse, et que la
France renaisse. Voici tantôt le moment de res-
semer ton champ gelé. On va crier que tu as tué
l'honneur. Tu laisseras dire, toi qui portes toujours tous les fardeaux, tu porteras encore celui-
ci. L'ingrate patrie est bien heureuse que tu ne
connaisses pas le point d'honneur, et que tu te
trouves là, dans les situations extrêmes, pour
trancher sans scrupule et sans passion les questions insolubles !

Et à présent faisons une fervente prière au
génie de la France. Puisse-t-il nous bien inspirer
et faire entrer dans tous les esprits la notion du
droit ! Il est si clair et si précis, ce droit acquis
et payé si cher par nos révolutions ! Liberté de
la parole écrite ou orale, liberté de réunion,
liberté du vote, liberté de conscience, liberté de
réunion et d'association, — que peut-on vouloir

de plus, et quelles théories particulières peuvent primer ces droits inaliénables? N'est-ce pas donner l'essor à toutes les idées que d'assurer les dro ts de la discussion? Si nous savons maintenir ces droits, ne sera-ce pas un véritable attentat contre l'humanité que la conspiration et l'usurpation, de quelque part qu'elles viennent?

L'orgueil des partis ne veut pas souffrir le contrôle de tous : sachons distinguer les vanités exubérantes des convictions sincères, n'imposons silence à personne, mais apprenons à juger, et que l'abandon soit le châtiment des écoles qui veulent s'imposer par la voie de fait, l'injure et la menace. Ne subissons l'entraînement ni des vieux partis ni des nouveaux. Le véritable républicain n'appartient à aucun, il les examine tous, il les discute, il les juge. Son opinion ne doit jamais être arrêtée systématiquement, car l'intelligence qui ne fonctionne plus est une intelligence morte; qui n'apprend plus rien ne compte plus. Observons le rayonnement des idées nouvelles à mesure qu'elles se produiront, et sachons si elles sont étoiles ou bolides, c'est-à-dire éclosion de vie ou débris de mort. La France a le sens critique si développé et tant d'organes éminents de cette haute puissance, qu'il ne lui faudra pas beaucoup de temps pour s'éclairer sur la valeur des offres de salut qui lui sont faites de toutes parts. Cette discussion, à la condition d'être loyale et sérieuse, fera aisément justice du mandat *impératif*, qui n'est autre chose que la tyrannie de l'ignorance, si bien exploitée par le parti de l'Empire. Faisons des vœux pour que la distinction du droit et de la fonction déléguée soit bien comprise et bien établie par nos écrivains, nos assemblées, nos publicistes de tout genre. Ils auront beaucoup à faire à ce moment de réveil général qui va suivre, à la grande surprise des autres nations, l'espèce d'agonie où elles nous voient tombés. Il sera urgent de démontrer que le mandat impératif est une idée sauvage, et qu'il y aurait erreur funeste à en accepter l'outrage pour conquérir la popularité. Le droit du peuple à choisir ses représentants, à con-

sulter sa raison et sa conscience doit être également libre, ou bien la représentation n'est plus
qu'une lutte aveugle, un conflit stupide entre
les esclaves de tous les partis. Il serait temps de
se défaire de ces errements de l'Empire. Nés
fatalement dans son atmosphère, espérons qu'ils
finiront avec lui.

Il y aura certainement aussi à éclairer l'Assemblée constituante qui succédera prochaine-
ment à celle-ci sur un point essentiel, le droit
de plébiscite. Il ne faut pas que ce droit, devenu
monstrueux, établisse la volonté du peuple au-
dessus de celle des assemblées élues par lui ; si
le peuple est souverain, ce n'est pas un souverain absolu qu'il faille rendre indépendant de
nout contrôle, priver de tout équilibre. Le plébiscite peut être là forme expéditive que prendra, dans un avenir éloigné, la volonté d'une
tation arrivée à l'âge de maturité; mais longtemps encore il sera un attentat à la liberté du
peuple lui-même, puisqu'il est, par sa forme
absolue et indiscutable, une sorte de démission

qu'il peut donner de sa propre autorité. Je crois
que, si ce droit n'est pas supprimé, il pourra
être modifié par une loi qui en soumettra l'exercice aux décisions des assemblées. En temps
normal et régulier, il ne faut jamais qu'un pouvoir exécutif puisse en appeler de l'Assemblée au
peuple et réciproquement. Je ne sais même pas
s'il est des cas exceptionnels où cet appel ne serait point un crime contre la raison et la justice.

Mais *ce ne sont pas là mes affaires*, dit la
fourmi, et je ne suis qu'une fourmi dans ce
chaos de montagnes écroulées et de volcans qui
surgissent; je fais des rêves, des vœux, et
j'attends.

Chers amis, que je vais enfin retrouver, aurez-
vous tous été logiques avec vous-mêmes sous
cette dictature compliquée d'une guerre atroce?
Quelles vont être vos élections de Paris?

Je n'ai qu'un désir : c'est qu'elles soient l'expression de toutes les idées qui vous agitent
dans tous les sens. Un parti trop prédominant

serait un malheur en ce moment où il faut que la lumière se fasse.

Si je dois encore une fois assister à la mort de la république, j'en ressentirai une profonde douleur. On ne voit pas sans effroi et sans accablement le progrès faire fausse route, l'avenir reculer, l'homme descendre, la vie morale s'éclipser; mais, si cette amertume nous est réservée, ô mes amis, ne maudissons pas la France, ne la boudons pas, ne nous croyons pas autorisés à la mépriser; elle passe par une si forte épreuve! Ne disons jamais qu'elle est finie, qu'elle va devenir une Pologne; est-ce que la Pologne n'est pas destinée à renaître?

L'Allemagne aussi renaîtra; riche et fière aujourd'hui, elle sera demain plus malade que nous de ces grandes maladies des nations, nécessaires à leur renouvellement. Il y a encore en Allemagne de grands cœurs et de grands esprits qui le savent et qui attendent, tout en gémissant sur nos désastres; ceux-là engendreront par la pensée la révolution qui précipitera les oppresseurs et les conquérants. Sachons attendre aussi, non une guerre d'extermination, non une revanche odieuse comme celle qui nous frappe; attendons au contraire une alliance républicaine et fraternelle avec les grandes nations de l'Europe. On nous parle d'amasser vingt ans de colère et de haine pour nous préparer à de nouveaux combats! Si nous étions une vraie, noble, solide et florissante république, il ne faudrait pas dix ans pour que notre exemple fût suivi, et que nous fussions vengés sans tirer l'épée!

Le remède est bien plus simple que nous ne voulons le croire. Tous les bons esprits le voient et le sentent. Allons-nous nous déchirer les entrailles, quand une bonne direction donnée par nous-mêmes à nos cœurs et à nos consciences aurait plus de force que tous les canons dont la Prusse menace la civilisation continentale? Croyez bien qu'elle le sait, la Prusse! La paix que l'on va négocier n'éteindra pas la guerre occulte qu'elle est résolue à faire à notre république. Quand elle ne nous tiendra plus par la violence,

10 février 69

elle essayera de nous tenir encore par l'intrigue, la corruption, la calomnie, les discordes intérieures. Serrons nos rangs et méfions-nous de l'étranger! Il est facile à reconnaître : c'est celui qui se dit plus Français que la France.

Nohant, nuit du 9 au 10 février.

FIN

CLICHY. — Imp. de Paul Dupont et Cie, rue du Bac-d'Asnières, 12.